Schwimmtechnik im Kindertraining

Iris Komar

Schwimmtechnik im Kindertraining

Rückenschwimmen

Meyer & Meyer Verlag

Die Deutsche Bibliothek – CIP-Einheitsaufnahme

Komar, Iris:
Schwimmtechnik im Kindertraining : Rückenschwimmen / Iris Komar.
– Aachen : Meyer und Meyer, 1996
(Reihe Die Schwimmbibliothek ; Bd. 4)
ISBN 3-89124-273-5
NE: GT

Fotos und Zeichnungen: François Cools, Olmen
Titelfoto: François Cools, Olmen
Umschlaggestaltung: Walter Neumann, N&N Design-Studio, Aachen
Umschlagbelichtung: frw, Reiner Wahlen, Aachen
Belichtung: Dagmar Schmitz, Typeline, Aachen
Satz: Dagmar Schmitz, Typeline, Aachen
Druck: Druckerei Queck, Jüchen
Printed in Germany
ISBN 3-89124-273-5

Inhaltsverzeichnis

Seite

Vorbemerkungen

Eine gute Schwimmtechnik mit den dazugehörigen Starts und Wenden ist für das Training und besonders für den Wettkampf unerläßlich. Bei der schwimmtechnischen Ausbildung sollten bereits im Kindertraining die Techniken den höchsten Ansprüchen bezüglich der Qualität und des Ausprägungsgrades besitzen.

Einen Beitrag dazu stellt diese vierbändige Ausgabe der „Schwimmtechnik im Kindertraining“.

Im theoretischen Teil werden die für die Praxis des Schwimmtechnik-Lerntrainings wesentlichen pädagogischen und didaktischen Grundlagen angeboten. Außerdem wird der im Kindertraining zu beachtende methodische Aufbau zur Entwicklung von rationellen und zweckmäßigen Bewegungen erläutert.
In diesem Band erfolgt eine umfangreiche Darstellung der für alle Schwimmtechniken gültigen lerntheoretischen Grundsätze und Prinzipien zur schwimmtechnischen Ausbildung. In den Folgebänden wird etwas detaillierter auf die für jede Schwimmart spezifischen theoretischen und praxisbezogenen Schwerpunkte eingegangen.

Der Technikteil beinhaltet die Schwimmart Rückenkraul sowie Rückenstart, die Rückenwende und die (neue) Rückenrollwende. Mit Bildausschnitten und Fotos wird die Technik des Bewegungsablaufs beschrieben und vorgestellt. Für eine gezielte Entwicklung von zweckmäßigen Techniken werden Programme für das Lerntraining angeboten. Den Trainern, Übungsleitern und Lehrern werden eine Vielzahl von Empfehlungen, Tips und trainingsbegleitenden Maßnahmen zur Technikstabilisierung gegeben.

Das vorliegende Buch soll mit dazu beitragen, für schwimmbegeisterte und lerneifrige Kinder Grundlagen für die im Training zu fordernden stabilen und variabel verfügbaren optimalen Techniken zu legen.

Iris Komar

1. Theoretische Grundlagen – überarbeitet für die Praxis

Definition Technik: Der Begriff Technik bezieht sich auf die charakteristische Art und Weise der Bewegungsausführung, mit deren Hilfe der Schwimmer die sportliche Bewegungsaufgabe löst. Die Bewegungsaufgabe des Sportschwimmers lautet: „Zurücklegen einer im Wasser vorgegebenen Strecke in kürzester Zeit unter Berücksichtigung der Wettkampfbestimmungen" (SCHRAMM, E. 1987, S. 55).

Zur optimalen Lösung dieser schwimmsportlichen Bewegungsaufgabe besitzt der leistungssportliche Übungs-, Trainings- und Wettkampfbetrieb den Auftrag, bereits im Kindertraining den höchsten Anspruch an die Qualität der Technik zu erfüllen.

Die schwimmtechnischen Fertigkeiten sind in seiner Anwendung, in seiner Feinkoordination bis zu einer individuellen, variablen Verfügbarkeit zu entwickeln. Die Realisierung und Beherrschung einer wirkungsvollen Technik bezieht

konditionelle und **koordinative Fähigkeiten**
sowie
psychische und **intellektuelle Eigenschaften**
des Sportlers ein.

Im Sportschwimmen lassen sich die Techniken in drei Gruppen einteilen:

◆ Schwimmarten ◆ Starts und ◆ Wenden

1.1. Technikplanung im Leistungsaufbau

In den Schwimmprogrammen des Kindertrainings sollten für die technisch-koordinative Ausbildung Zwischenziele aufgestellt werden, die von der Endzielstellung des anzustrebenden Hochleistungstrainings abgeleitet sind. Die Erfüllung der Zwischenziele ist eine Voraussetzung der zunehmenden Belastbarkeit und Leistungssteigerung.

☞ Für die sporttechnische Ausbildung im Wasser gelten im langfristig planenden Leistungsaufbau die folgenden grundsätzlichen Ansprüche:

Kindertraining = Grundlagentraining

- **Bewegungsausführung mit leistungsbestimmenden technischen Kennlinien, die in ihrem Ausprägungsgrad altersspezifisch bedingt sind.**
- **Beherrschung der Grundstruktur der Techniken der vier Sportschwimmarten, des Greifstartes, Rückenstarts sowie der Wenden.**
- **Stabile und korrekte schwimmtechnische Bewegungsausführung über kurze Teilstrecken im Training und im Wettkampf.**

Hochleistungstraining

- **Stabile und variabel verfügbare optimale Bewegungsausführung von individuellen Techniken.**
- **Beherrschung der Grundstruktur der Schwimmtechniken, verschiedener, effektiver Start- und Wendetechniken bis zur Feinkoordination.**
- **Stabile und anforderungsgerechte, variable Bewegungsausführung in den unterschiedlichen Intensitätsanforderungen beim Training und im Wettkampf über mittlere Teilstrecken.**

Abb. 1: Die Planung der schwimmtechnischen Ausbildung im langfristigen Leistungsaufbau (vgl. PFEIFER, H. 1985, S. 201).

Grundorientierungen zur Technikplanung

➡ Die sporttechnisch-koordinative Ausbildung ist zielgerichtet zu planen und bereits im Kindertraining den wissenschaftlich begründeten, technischen Kennlinien sowie dem Alter und Leistungsniveau der Sportler entsprechend, zu einem hohen Niveau herauszubilden.

➡ Zur Herausbildung von zweckmäßigen Techniken ist eine effektive Gestaltung und konsequente Durchführung der sporttechnischen Ausbildung über den gesamten Zeitraum des Kindertrainings Voraussetzung.

➡ Von Anbeginn der schwimmsportlichen Ausbildung (beginnend in der Schwimmschule) sind die grundlegenden, zweckmäßigen Technikmerkmale zu erarbeiten, da erfahrungsgemäß und bewiesen der Grundsatz gilt:

„Was Hänschen nicht lernt, lernt Hans nie mehr!"

- Der ***Umlernprozeß ist schwieriger, zeitaufwendiger als das Neuerlernen der richtigen, sporttechnischen Bewegungsaufgabe.***

➡ Zur ***Beurteilung des aktuellen Technikniveaus*** und des ***Entwicklungsstandes der Trainingsgruppe sind Technikkontrollen planmäßig durchzuführen und mit den Sportlern auszuwerten.*** Diese ***Videotechnik-Analyse*** sollte regelmäßig in ***1-3 Monatsabständen*** verwirklicht werden.

- Abgeleitet vom ***Ergebnis der Video-Analyse und dem geplanten Etappenziel sind Technikmerkmale festzulegen, die über einen bestimmten Zeitraum zielgerichtet in der schwimmtechnischen Bewegungsaufgabe auszuprägen sind.***
- Die ***Schwerpunkte der akzentuiert auszubildenden, schwimmtechnischen Eigenschaften sind auf ein- bis zwei Technikmerkmale zu begrenzen*** und sollten für mehrere Techniken übertragbar sein, um die Herausbildung eines Transfereffektes zu begünstigen.

! **Der Lernprozeß wird durch mehrere Technikanforderungen mit gleicher Aufgabenstellung beschleunigt und effektiver realisiert.**

- Die ***zeitliche Dauer des akzentuierten Techniktrainings richtet sich nach der Kompliziertheit der technisch-koordinativen Bewegungsaufgabe*** und sollte mindestens eine Woche bis zu einen Monat im Lerntraining fixiert sein.

➡ Zur Erhöhung der Qualität von anforderungsgerechter, wirkungsvoller Schwimmtechnik müssen die Voraussetzungen von

Kondition, Koordination und theoretische Kenntnisvermittlung

bei den Sportlern geschaffen, weiterentwickelt und vervollkommnet werden.

➡ Für ein qualitätsgerechtes Techniktraining sind die Wahl der Streckenlänge, Auswahl und Anzahl der Serien entsprechend dem konditionellen, technisch-koordinativen Entwicklungsstand und der Konzentrationsfähigkeit der Sportler abzustimmen.

- Das ***Lerntraining der Einzelbewegungen der Arme oder Beine sollte vorrangig über***

kurze Teilstrecken mit hoher Bewegungsintensität

absolviert werden.

! **Im Gesamttrainingsprozeß des Kindertrainings ist die prozentuale Anteiligkeit des Lerntrainings für die Schwimmtechniken, Starts und Wenden so zu planen, daß ausreichend Zeit und Umfang für ein vertiefendes und stabilisierendes Üben gewährleistet ist.**

➡ Das Technik-Lerntraining ist Bestandteil des gesamten Trainingsprozesses. In jeder Trainingsaufgabe muß der technische Vervollkommnungsprozeß enthalten sein und niemals “neben” dem Training einerseits richtig “schön” geschwommen und andererseits “trainiert” werden.

➡ Die Länge der Trainingsteilstrecke wird vom Entwicklungsstand der Technik bestimmt. Die Teilstreckenlänge wird mit zunehmender Verbesserung und Stabilisierung des Technikniveaus systematisch erhöht.

Werden im Training die Strecken zu lang gewählt, tritt zunehmend ein Technikverlust auf und es werden fehlerhafte, unzweckmäßige Bewegungsausführungen herausgebildet, die sich bei Verfestigung nur schwer und sehr mühevoll beseitigen lassen (PIRL, J. 1985, S. 15).

1.2. Methodik des Technik-Lernprozesses

Um den Lernprozeß der Schwimmtechnikausbildung erfolgreich zu gestalten, ist es erforderlich, das Vervollkommnungsziel der Bewegungsaufgabe zu fixieren. Die Durchführung und Auswertung von Vergleichen des Entwicklungsstandes der Schwimmtechnik im Training und im Wettkampf ist für die exakte weitere methodische Herangehensweise der jeweilig nachfolgenden technischen Aufgaben im Lerntraining erforderlich.

In der folgenden Übersicht wird ein Modell für das systematisch-methodische Vorgehen und die Steuerung des Lerntrainings vorgestellt.

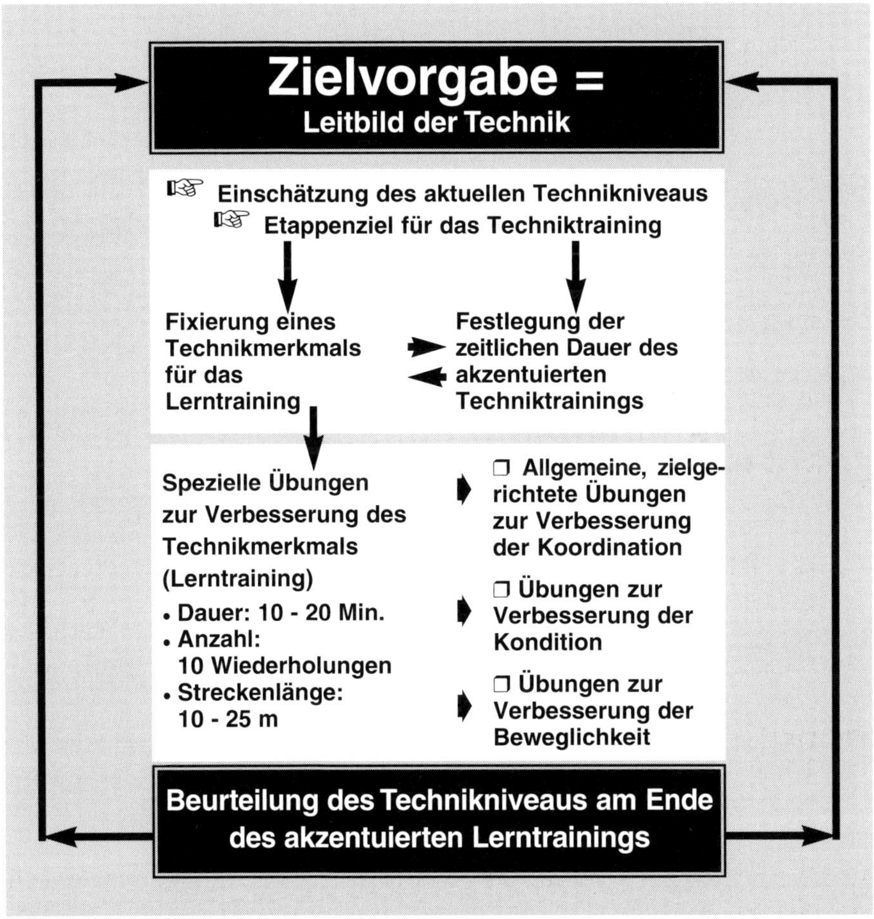

Abb. 2: Modell zur Planung des Techniktrainings (in Anlehnung an SCHRAMM, E. 1987, S. 234)

1.3. Zum Lern- und Konditionstraining

Im Rahmen der technischen Ausbildung beim Schwimmtraining werden zwei methodische Maßnahmen unterschieden:

A: Das spezielle Technik-Lerntraining wird mit ausschließender Zielstellung der konkreten Erlernung einer Bewegungsaufgabe geplant und durchgeführt. Auf die dafür notwendigen Grundlagen der koordinativen Voraussetzungen ist im Lernprozeß einzuwirken. Die dafür erforderliche Konditionierung als Trainingsaufgabe ist dabei zweitrangig. Dieses spezielle Lerntraining ist grundsätzlich einzuplanen, wenn neue, technische Bewegungsfertigkeiten bzw. qualitativ höhere, schwimmtechnische Anforderungen erarbeitet werden sollen.

☞ Im Kindertraining hat sich für das ***Technik-Lerntraining die kurzzeitige Verwendung von Schwimmflossen*** als zweckmäßig erwiesen. Die Zielstellung besteht dabei vorrangig in der ***Herausbildung und Verbesserung des Abdruckempfindens.***
Die ***Erarbeitung und Vervollkommnung der Starts und Wenden*** als azyklische Bewegung erfolgt vornehmlich im ***Lerntraining.*** In Verbindung mit dem ***Ausdauertraining*** erfolgt besonders die ***Stabilisierung der Wenden***, im ***Schnelligkeitstraining die Starttechnik.***

B: Die Technikschulung beim Konditionstraining enthält gleichermaßen die konditionelle Belastungsvorgabe sowie einen schwimmtechnischen Akzent, der von der geplanten Lernaufgabe abzuleiten ist. Die technischen Anforderungen der Schwimmbewegungen werden vorrangig während des Konditionstrainings verbessert. Die Erfüllung schwimmtechnischer Elemente ist als integrierender Bestandteil der Trainingsaufgabe ebenso zu fordern und zu kontrollieren wie die Schwerpunkte der Belastungsvorgaben.

☞ ***Zu Beginn jeder Trainingseinheit sind koordinativ schulende Übungsaufgaben zur Vorbereitung der nachfolgenden Bewegungsvorgaben im Konditionstraining empfehlenswert.*** Diese Koordinationsübungen sind entsprechend den jeweils festgelegten Technikakzenten auszuwählen; die bewußte Bewegungswahrnehmung durch die Sportler ist zu schulen.

In der nachstehenden Übersicht steht eine praxisorientierte Betrachtung der planmäßigen Unterscheidung des speziellen Lern- bzw. Konditionstrainings mit Technikschulung im Leistungsaufbau des Kindertrainings im Vordergrund.

A: Spezielles Technik - Lerntraining ⟷ B: Konditionstraining mit Technikschulung

A: Spezielles Technik - Lerntraining

- Umfaßt ca. 20 - 30% der Gesamttrainingszeit beim Kindertraining.

  Kurze Teilstreckenlängen, die die exakte Einhaltung des technischen Bewegungsmerkmals durch die Sportler gewährleisten (10-25 m).

  Die Pausen müssen so lang sein, daß

  Hinweise zur Korrektur bzw. Bekräftigung vom Trainer gegeben werden können,

  die vollständige Konzentration auf die Bewegungsaufgabe vom Sportler gewährleistet ist,

  in der geplanten Zeit ausreichende Übungswiederholungen des Technikmerkmals garantiert werden.
- Die Intensität der Bewegungsaufgabe ist auf die anzustrebende Wettkampfstruktur auszurichten, die im allgemeinen relativ hoch sein soll (schnelle Bewegungen für einen effektiven Vortrieb).
- Die Dauer des Lerntrainings beträgt maximal 20 Minuten pro Trainingseinheit bzw. mindestens einmal wöchentlich und ist abhängig von:

  Alter und Entwicklungsstand,

  technischen Entwicklungsniveau der Trainingsgruppe,

  Konzentrationsfähigkeit sowie den konditionellen und koordinativen Voraussetzungen.

B: Konditionstraining mit Technikschulung

- Der Vervollkommnungsprozeß von Technikelementen wird beim Konditionstraining durchgeführt.
- Die Teilstreckenlänge richtet sich nach dem technisch-konditionellen Entwicklungsstand und sollte mindestens bis 100 m gefordert werden.
- Die Pausengestaltung richtet sich nach der konditionellen Aufgabenstellung.
- Die Informationsgebung durch den Trainer während des Wassertrainings ist möglich durch:

  konkrete und kurzgefaßte technische Anweisungen in den Pausen,

  aussagekräftige und eindeutige Zeichensprache,

  begrenzt formulierte Befragung als Rückinformation in den Pausen.
- Eine wirksame Technikvervollkommnung kann nicht über die gesamte Belastungszeit des Konditionstrainings erfolgen. Die Sportler sind unter physischer und psychischer Ermüdung kaum in der Lage, Technik-Korrekturhinweise aufzunehmen und in die Bewegung umzusetzen.
- Die Informationsgestaltung von einem bis maximal zwei technischen Akzenten sollte auf die gesamte Trainingsgruppe, nicht nur auf vereinzelte Sportler ausgerichtet sein.

! **Das Lerntraining darf sich nicht nur auf die zeitlich begrenzte Schulung bestimmter technischer Elemente in geplanten Teiltrainingseinheiten beschränken. Dieses kurzzeitige Üben im Lerntraining ist nur wirkungsvoll, wenn die gleichen Technikelemente im gesamten Training fortgesetzt und beachtet werden.**

Voraussetzung für ein erfolgreiches Techniktraining ist die bewußte Mitarbeit der Sportler, die maßgeblich bestimmt wird von:

- einer ***konkreten, eindeutig formulierten technischen Anforderung,***
- dem ***Konzentrations- und Auffassungsvermögen,***
- dem ***konditionellen Niveau,*** den ***koordinativen Voraussetzungen*** der Sportler sowie
- dem ***ständigen Informationsaustausch zwischen Trainer und Sportler.***

1.4. Lernschritte für die Ausbildung der Schwimmtechniken

Das Erarbeiten und Vervollkommnen der Schwimmarten, der Starts und Wenden basiert auf zielgerichteten, systematisch aufeinander abgestimmten Lernschritten.

Die Auswahl der Lernschrittfolgen sollte lerntheoretischen und pädagogisch-methodischen Erkenntnissen sowie Praxiserfahrungen entsprechen.

Das Erreichen einer hohen Effektivität beim motorischen Lernen durch ein rasches und stabiles Entwicklungstempo wird maßgeblich davon bestimmt, wie der Trainer/Lehrer bzw. Übungsleiter die detaillierten Lernschritte plant und in die Praxis umsetzt.

Jeder einzelne, geplante Lernschritt wird von der schwimmtechnischen Bewegungsstruktur der eigentlichen Technik-Zielvorgabe abgeleitet.

- Im motorischen Lernprozeß werden die Teilziele als Lernschritte aufgefaßt. In einer festgelegten, systematischen Aufeinanderfolge müssen von den Sportlern die technischen Teilanforderungen in der Bewegungsausführung erarbeitet und stabilisiert werden. Erst mit dem Erfüllen des geforderten technischen Schwerpunktes kann die Lernschrittfolge fortgesetzt werden.

➡ Die einzelnen Lernschritte sind in ihrer Aufeinanderfolge beizubehalten. Werden die technischen Teilanforderungen in dem jeweiligen Lernabschnitt nicht erfüllt oder die Aufeinanderfolge der Lernschritte ungenügend beachtet, sind die Folgen bei den Sportlern ersichtlich in

- **unzureichenden schwimmtechnischen Fertigkeiten,**
- **einem verzögerten Vervollkommnungsprozeß,**
- **uneffektiven und unökonomischen Bewegungsausführungen.**

➡ Geforderte technische Details können innerhalb eines Lernschrittes variiert werden. Die Reihung der Teilanforderungen richtet sich nach der jeweiligen Gruppenstruktur und dem konkreten Entwicklungsstand der Sportler.
Die Auswahl der dafür abgeleiteten Methoden zur Erlernung und Vervollkommnung des schwimmtechnischen Details ist für den Übungs- bzw. Trainingsprozeß entsprechend einzuplanen.

➡ Die zeitliche Dauer der einzelnen Lernschrittstufen wird einerseits vom Schwierigkeitsgrad des zu übenden technischen Schwerpunktes sowie dem konkreten Ausbildungsstand und dem Lerntempo der Gruppe bestimmt.

Eine erhöhte „Wirksamkeit des motorischen Lernprozesses, das Erzielen eines hohen Vervollkommnungstempos wird davon bestimmt, wie der Trainer diesen Prozeß plant und pädagogisch-methodisch führt".
(SCHRAMM, E. 1987, S.210)

➡ Um den Lernprozeß erfolgreich zu gestalten, ist es erforderlich, in der Planung folgende Akzente zu beachten:

☞ *Abgeleitet von den schwimmtechnischen Schwerpunkten sind dem Sportler* ***theoretisch fundierte Kenntnisse*** *zu vermitteln.*

☞ *Durch die Verbesserung der theoretischen Kenntnisse soll bei den Sportlern auch die* ***exakte Bewegungsvorstellung*** *herausgebildet werden.*

☞ *Allgemeine* ***Übungen an Land und im Wasser*** *sollen den Sportlern die* ***Basis*** *notwendiger koordinativer Voraussetzungen für eine* ***ökonomisch-effektive Schwimmtechnik*** *bieten.*

☞ *Die* ***Erhöhung und Stabilisierung der konditionellen Voraussetzungen*** *wirkt wiederum unterstützend auf die* ***Stabilität der erworbenen technischen Bewegungsausführung,*** *wenn sich die Teilstrecke verlängert.*

☞ *Spezielle Übungsformen dagegen sollen zur eigentlichen* ***Ziel-Bewegungsstruktur, die dem Technik-Leitbild entsprechen,*** *aufbauend geübt werden.*

1.5. Beobachtung des schwimmtechnischen Lern- und Vervollkommnungsprozesses

Für einen erfolgreichen Entwicklungsprozeß der Schwimmtechnik ist ein regelmäßiges Beobachten zwischen der Zielorientierung des Technik-Leitbildes und dem aktuellen Entwicklungsstand unumgänglich.

! **Beim Schwimmtraining und im Wettkampf sollte in der Beobachtung „stets nur ein Bewegungsmerkmal hinsichtlich seiner Ausprägung analysiert werden".** (PIRL, J. 1985, S. 15)

Ihre Auswertung ist der Ausgangspunkt für das weitere methodische Vorgehen des nachfolgenden schwimmtechnischen Lern- und Vervollkommnungstrainings.

➡ Das Aufnehmen eines neuen technischen Anforderungsschwerpunktes, einer höheren Qualität, hängt wiederum vom Ergebnis des Vergleiches von Technikziel und Entwicklungsstand am Ende der geplanten Lernzeit ab. Wird bei den Sportlern das angestrebte Technikmerkmal in seiner erforderlichen Niveaustufe erfüllt, so kann der folgende technische Schwerpunkt angestrebt werden.

➡ Bei jeder Trainingsaufgabe sollte den Sportlern das zu erlernende technische Bewegungsmerkmal durch eine bewußte Orientierung und konzentrative Mitarbeit auf detaillierte Akzente gerichtet sein.

Zur Lernbekräftigung ist während des Trainings den Sportlern die direkte Sofortinformation ihrer Bewegungsausführung zu übermitteln.

➡ Die gezielte Beobachtung der schwimmerischen Entwicklung im Kindertraining ist vom Prinzip ohne gerätetechnischen Aufwand realisierbar. Jedoch ermöglicht ein Einsatz von ***Videotechnik-Analysen*** in regelmäßigen Abständen ein qualitativ

- ***differenziertes Beobachten*** durch den Trainer ***von schwimmtechnischen Details***. Die nachfolgende ***Auswertung der Videobilder mit den Sportlern*** dient der
- bewußten ***Orientierung auf ein Technikmerkmal*** hin.

1.6. Verbesserung der Schwimmtechniken

Besonders im Kindertraining sind Abweichungen der Schwimmtechniken vom zielorientierten Technik-Leitbild auch bei pädagogisch-methodisch richtiger Herangehensweise unvermeidlich.

- Die im Anfänger-Lernstadium noch gewaltige Diskrepanz vom zielorientierten Technik-Leitbild wird im weiteren Trainingsvorgang zunehmend geringer, wenn kontinuierlich bei jeder Technikanforderung auf die gezielt-zweckmäßig orientierte Bewegungsausführung geachtet wird.

! **Die im Entwicklungsprozeß zunächst noch instabilen Mängel der Schwimmtechniken, Starts und Wenden dürfen sich keinesfalls zu bleibenden Fehlern entwickeln bzw. stabilisieren.**

Für eine ökonomisch richtige Schwimmtechnik und eine optimale Entwicklung der Schwimmleistung ist es absolut erforderlich, die Fehler zu beseitigen.

- Bereits gefestigte Fehler durch eine effektive Schwimmtechnik abzubauen, ist sehr zeitaufwendig und im Gruppentraining in seiner Umsetzung nur schwerlich realisierbar.

Beachte:

Hohe Lernvorschritte in der Beseitigung gefestigter Fehler sind möglich durch exakte, schwimmtechnische Aufträge an die Sportler bezüglich eines begrenzten Details der Bewegungsausführung sowie durch

➡ ***bewußte, konzentrative* Mitarbeit und**

➡ ***ständiges Beobachten und Verbessern* durch den Trainer.**

- Beim Lern- und Vervollkommnungsprozeß der Schwimmtechniken, der Starts und Wenden sind zwei Methoden bedeutsam und beständig anzuwenden:

A: Bestätigung und B: Verbesserung

! *Werden dem Sportler Informationen als Bestätigung oder Verbesserung der Schwimmtechnik gegeben, so handelt es sich um Rückinformationen (Feedbacks) besonderer Art.*

- Der Ausgangspunkt und die perspektivische Erwartung der Bestätigung sind positiv orientiert -> im Sinne der Verstärkung oder Bekräftigung der Handlung.

- Die Verbesserung oder auch Korrektur ist dagegen „fehlerzentriert" (SCHNABEL,G.; HARRE,D.; BORDE,A. 1994, S.303).

! *Handelt es sich dabei um eine Bestätigung oder Verbesserung, sollten beide Arten der Rückmeldung letzlich aufbauend vom erkannten Hauptfehler ausgehen, „der das entscheidende Hemmnis für das weitere sporttechnische Vervollkommnen bildet".* *(SCHNABEL,G.; THIESZ,G. 1993, S. 384)*

A: Bestätigung

Mit dem Bestätigen der richtigen bzw. angestrebten Zielvorgabe der Bewegungsausführung werden dem Sportler seine positiv-schwimmtechnischen Lernfortschritte verdeutlicht.

- Dadurch verbessert sich die Bewegungsvorstellung und eine zweckmäßige, koordinative Bewegungsausführung verfestigt sich.
- Das Bewußtwerden der richtigen Bewegungsausführung motiviert den Sportler und mobilisiert den weiteren Lern- bzw. Trainingsprozeß.

B: Verbesserung

Bei der Verbesserung der Schwimmtechnik werden auftretende Abweichungen bzw. Fehler vom Leitbild beseitigt. Für die Beseitigung der Fehler sind vorerst die Ursachen der Fehler oder Mängel zu erfassen.

- Im Kindertraining ist eine gezielte visuelle Erfassung durch ein erfahrenes „Trainerauge" als Analyseinstrument ausreichend hinsichtlich der

Körperlage im Wasser,
Merkmale der Bewegungsschnelligkeit sowie
Koordination von Einzelbewegungen.

- Die Ursachen der fehlerhaften Bewegungsausführung könnten zurückzuführen sein auf ein

mangelndes Aufnahmevermögen der Sportler,
unzureichende Bewegungsvorstellung,
ungenügende konditionelle und/oder koordinative Fähigkeiten.

- Die Verbesserung bzw. Korrektur der Schwimmtechnik unterscheidet zwei methodische Maßnahmen, **die direkte bzw. indirekte Fehlerkorrektur.**

Direkt ⟵ Fehler-Korrektur ⟶ Indirekt

Direkt:

- **Bei der direkten Fehlerkorrektur wird der analysierte Technikfehler**
  - ➡ ***genannt***
  - ➡ ***erklärt***
  - ➡ ***bewußt gemacht***
  - ➡ ***evtl. gezeigt (Videoaufzeichnung).***
- **Gezielte, auf den Fehler orientierte Verbesserungshinweise zur anforderungsgerechten Schwimmbewegung sind die Merkmale dieser Korrekturform.**

Indirekt:

- **Die indirekte Fehlerkorrektur ist gekennzeichnet durch eine**
  - ➡ ***gezielte Einflußnahme***
  - ➡ ***technikbestimmende***
  - ➡ ***vorbereitende und***
  - ➡ ***unterstützende Übungen beim Land- und Wassertraining, die zur***
- **Verbesserung ungenügender konditioneller und koordinativer Voraussetzungen beitragen.**

Wird durch geeignete Darlegung (Videoanalyse) oder „pädagogisch gelenkte Selbsterkennung" der Sportler/-innen die Fehlerursache festgestellt und die Korrekturmaßnahmen gemeinsam erarbeitet, können durch diese bewußte Mitarbeit schnellere und stabile Lernerfolge erzielt werden!

- Für eine wirkungsvolle Fehlerkorrektur im allgemein ist „das richtige Erfassen und Analysieren der Schwimmbewegung durch den Trainer“ (SCHRAMM, E. 1987, S. 236) eine entscheidende Voraussetzung.

  Treten Abweichungen vom Technik-Leitbild auf, sind bei Fehlern sowie möglichen Ursachen zu unterscheiden zwischen

a) Grob- und Feinfehler
b) Haupt- und Nebenfehler

a) Grob- und Feinfehler	b) Haupt- und Nebenfehler
• Grobfehler sind die Nichtübereinstimmung mit dem jeweiligen Technikmodell, dessen elementare Bewegungsanforderung einen effektiven Vortrieb hindert. **• Feinfehler sind differenzierter, mit immer „feineren“ Abweichungen vom Technikmodell zu definieren.** ➡ ***Grobfehler sind vor Feinfehlern zu korrigieren!***	**• Mit Hauptfehler ist jeweils derjenige schwimmtechnische Fehler gemeint, „der das entscheidende Hemmnis für die weitere sporttechnische Vervollkommnung darstellt“.** (THIESZ/SCHNABEL/BAUMANN, 1980, S. 106) ➡ ***Hauptfehler sind vor Nebenfehlern zu korrigieren!***

! Im Kindertraining werden die für die gesamte Gruppe typischen Technikfehler korrigiert, jedoch sollte jede(r) Schwimmer/-in individuell angesprochen werden.

- Eine entscheidende Voraussetzung für eine wirkungsvolle Korrektur ist die Behebung der Fehlerursache, wodurch die Bewegungsausführung mit ihren technischen Anforderungen von den Sportlern nur ungenügend ausgeführt werden.

Folgende ***Hauptursachen*** von maßgeblichen Fehlern können bei den Schwimmern auftreten:

✘ **Die konditionellen Fähigkeiten** sind unzureichend ausgeprägt wie

- mangelnde Kraftvoraussetzungen,
- unzureichendes Ausdauervermögen oder
- zu geringe Ausprägung der Schnelligkeitsleistung.

✘ **Mangelnde Beweglichkeit** bestimmter Gelenksysteme als elementare Voraussetzung einer qualitativ und quantitativ guten Bewegungsausführung wie des

- Schulter- und Hüftgelenkes.

✘ **Niedriges Niveau der koordinativen Fähigkeiten** zur Gewährleistung einer den jeweiligen Umständen angepaßten Bewegungsaufgabe besonders hinsichtlich der

- Kopplungs-,
- Differenzierungs,- und
- Rhythmisierungsfähigkeit.

✘ **Ungenügendes „Wassergefühl“** durch eine mangelnde Ausprägung des kinästhetisch-taktilen Empfindungsvermögens.

✘ **Ungenügende theoretische Kenntnisse** sowie

✘ unvollständige oder **fehlerhafte Bewegungsvorstellung** der Schwimmtechnik, der Starts und Wenden.

✘ Mangelnde **Konzentrationsfähigkeit** oder

✘ fehlende, **bewußte Mitarbeit** beim Lern- und Vervollkommnungstraining.

Beim Training zur Korrektur von schwimmtechnischen Abweichungen müssen die Trainingsmethoden in erster Linie auf die Beseitigung der Fehlerursachen und keineswegs auf die Fehlererscheinung ausgerichtet sein.

1.7. Phasen des schwimmtechnischen Bewegungsablaufs

Die Absicht, den schwimmerischen Bewegungsablauf zu effektivieren, in seiner Einzelheit anschaulich zu beschreiben, führt unter anderem zu einer bildlichen Zerlegung der Bewegungshandlung. Damit werden Teile der Bewegung aus dem vollständigen Bewegungsablauf herausgenommen, deren maßgeblicher Zweck betrachtet sowie deren Beziehung zu anderen Teilbewegungen hergestellt.

- Die Extremitätenbewegungen beim Schwimmen werden in folgenden vier Phasen eingeteilt:

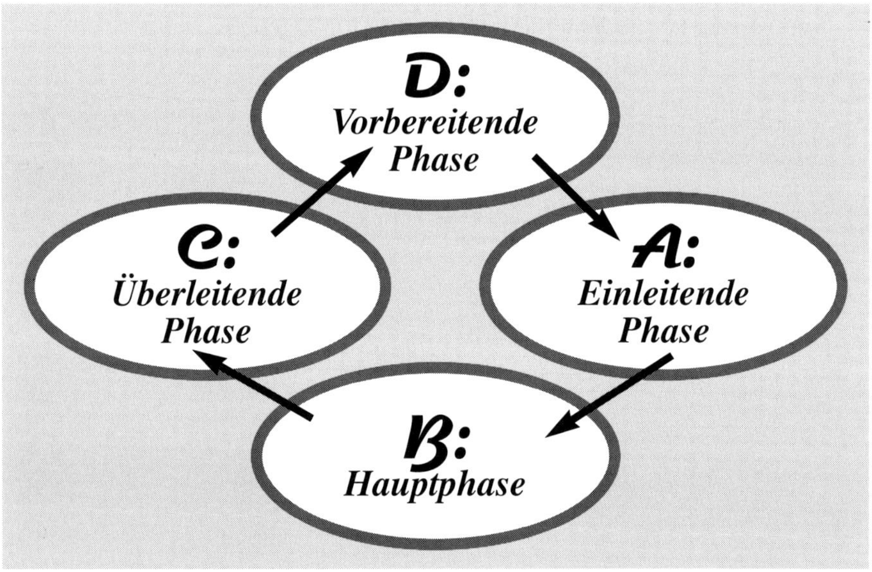

(vgl. SCHRAMM, E. 1987, S. 76-77)

A: In der **einleitenden Phase**
werden für einen effektiven Abdruck am/im Wasser die Vorbereitungen geschaffen, wie z.B. im

- *„schnellen Wasserfassen"* oder der
- *„Ellbogen-vorn-Haltung"*.

B: Die **Hauptphase**
wird vorrangig durch den abdruckwirksamen Vortrieb des Körpers bestimmt. In diesem Bewegungsabschnitt soll der Körper bei gleichbleibender oder zunehmender Geschwindigkeit die Abdruckbewegung ausprägen. Einen besonders gering hemmenden Wasserwiderstand des Körperverhaltens in dieser Phase ist für die bestmögliche Abdruckwirksamkeit von großer Bedeutung.

C: Die **überleitende Phase**
ist durch die Bewegungsumkehr von vorangegangener Abdruckhandlung in die Vorbereitung zur Ausgangsposition einer erneuten vortriebswirksamen Abdruckbewegung gekennzeichnet. Diese Phasengestaltung ist in seitlich-räumlicher Betrachtung relativ kurz und klein im Bewegungsausmaß, wie beispielsweise bei den Schlagschwimmarten diese Phase dem Herausnehmen der Arme aus dem Wasser dient.

D: In der **vorbereitenden Phase**
werden die Arme bzw. Beine zurück in die Ausgangsposition gebracht: zur Vorbereitung einer erneuten Abdruckbewegung, wie beispielsweise beim Brustschwimmen. Dabei werden die Arme in einer gut gestreckten Position mehr oder minder kurzzeitig für die bewußt gestaltete Gleitphase verharren.

2. TECHNIK

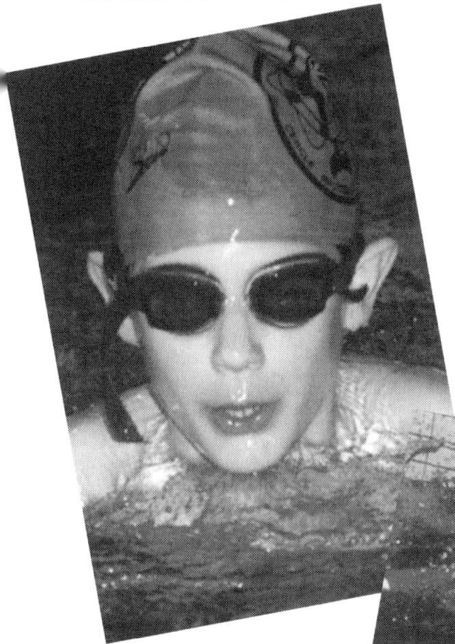

2.1. Methodische Hinweise für die Arbeit mit den Technikprogrammen

Die folgenden Ausführungen enthalten die Technikschwerpunkte, die Grundanforderungen, die Lernabfolge sowie Hinweise zur Verbesserung bzw. Korrektur der vier Schwimmarten, Starts und Wenden.

A: Technikschwerpunkte

Die folgenden Bildreihen der vier ***Sportschwimmarten,*** der ***Starts*** und ***Wenden*** bilden die ***wesentlichen Technikschwerpunkte;*** außerdem sind ausgewählte ***Bildausschnitte mit verbalen Hinweisen*** bzw. ***gedanklichen Tips*** für den Lern- und Vervollkommnungsprozeß enthalten.

Für das Training und hauptsächlich für die Wettkämpfe ist die Bewältigung einer guten Start- und Wendetechnik unerläßlich.

Durch den ***Start*** soll „möglichst schnell eine für das Schwimmen günstige Körperlage mit hoher Anfangsgeschwindigkeit" (RENNER/DIETZE/ MÜLLER 1987, S. 14) eingenommen werden.

- Beim Kindertraining wird das Technik-Lerntraining des Startsprunges für die Schwimmlagen Brust-, Kraul- und Schmetterlingsschwimmen vom Block als Streckstart mit Greifhaltung oder Armschwung durchgeführt. Beim Rückenschwimmen erfolgt der Start aus dem Wasser.

Die ***Wenden*** sind gegenüber den Starts von zusätzlicher Wichtigkeit, da diese im Training bzw. Wettkampf mehrmals ausgeführt werden.

- Die Wende wird im Sportschwimmen definiert als eine ***„Umkehr am Ende der Schwimmbahn zur Fortsetzung eines Wettkampfes, wenn die Strecke länger als eine Bahn ist."*** (THIESZ/ SCHNABEL/BAUMANN 1980, S. 257)

Für eine qualitativ gute Wendentechnik ist auch das Niveau der Ausdauerentwicklung entscheidend.

- Das Schwimmen von längeren Strecken mit den dafür erforderlichen Wenden setzt ein ausreichend entwickeltes Ausdauervermögen voraus.

Für das ***Technik-Lerntraining*** werden im Kindertraining *folgende Ausführungsarten der Wende* empfohlen:

Schwimmlagen

- **Rückenschwimmen** ➡ ***tiefe (traditionelle) und (neue) Rollwende mit Doppelarmzug***
- **Kraulschwimmen** ➡ ***tiefe Rollwende mit Doppelarmzug***
- **Brust-** und • **Schmetterlingsschwimmen** ➡ ***hohe, seitliche Drehwende***

Lagenschwimmen

- **Schmetterlingsschwimmen** zum **Rückenschwimmen** ➡ ***hohe Wende***
- **Rückenschwimmen** zum **Brustschwimmen** ➡ ***tiefe Wende***
- **Brustschwimmen** zum Kraulschwimmen ➡ ***hohe, seitliche Wende***

B: Grundanforderungen

✍ In regelmäßigen Abständen sollte das ***Ergebnis des Technik-Lerntrainings*** hinsichtlich seiner Zweckmäßigkeit ***mit den Grundanforderungen der Schwimmarten, der Starts und Wenden verglichen werden.***

☞ Im Kindertraining erfolgt die ***Auswertung des Lern- und Vervollkommnungsprozesses vorwiegend gruppenspezifisch.*** Die ***gruppentypischen Abweichungen von den technischen Grundanforderungen sind richtungsweisend*** für das weitere trainingsmethodische Herangehen.

C: Lernabfolge

Zur Erlernung und Vervollkommnung der verschiedenen Schwimmtechniken, der Starts und Wenden werden bei der „Lernabfolge“ praktische Tips für eine erfolgreiche Gestaltung der einzelnen Lernschritte im Kindertraining angeboten.

- In der ***Lernabfolge*** werden die ***technischen Teilanforderungen den Schwerpunkten innerhalb der Bewegungsausführung zugeordnet.***
- Die ***(numerierte) Lernabfolge ist beizubehalten,*** jedoch kann die ***Reihung der Teilanforderungen*** je nach gruppentypischer Situation ***variiert werden.***
- Die angebotenen ***Übungsmöglichkeiten (an Land/im Wasser) sind dem entsprechenden Entwicklungsniveau anzupassen.***

Tips zum Techniktraining

Mit der Entwicklung der Technik der Sportschwimmarten erfolgt der systematische Erarbeitungs- und Vervollkommnungsprozeß der schwimmartspezifischen Starts und Wenden mit folgenden zu beachtenden Regeln:

- ✓ *VOM EINFACHEN ZUM SCHWEREN*
- ✓ *AUSREICHENDE ÜBUNGSWIEDERHOLUNGEN* zur Herausbildung technischer Bewegungsfertigkeiten, so daß Korrekturhinweise zur zweckmäßigen Bewegungsausführung durch die Sportler umgesetzt werden können.
- ✓ ***BEI EINZELBEWEGUNGEN MUß GESAMTBEWEGUNG FOLGEN,*** d.h. die vorausgehende Schulung der Einzelbewegung der Beine bzw. Arme bildet den Schwerpunkt für die folgende Gesamtbewegung.
- ✓ *HILFSMITTEL SCHWIMMBRETT* (Größe A4) sollte beim Schwimmen der Bein- und Armbewegung nicht zu direkt am Rumpf gehalten werden. Beim Festhalten der Bretter ist vorauszusetzen, daß der Sportler sich hauptsächlich auf die Ausführung der Tecknikbewegung konzentriert.
- ✓ *EINSATZ VON SCHWIMMFLOSSEN* ist mit kurzzeitiger Verwendung während der Technikschulung der Rückenkraul-, Kraul- und Delphinbewegung zweckmäßig und zur Schulung des Abdruckes vom Wasser einzusetzen.

Beachte:

Unmittelbar nach dem Techniktraining mit Schwimmflossen sind Schwimmbewegungen ohne Schwimmflossen anzuschließen.

- ✓ *KURZE TEILSTRECKENLÄNGE FÜR BRUSTARMBEWEGUNG*
- ✓ *KEINE SCHMETTERLINGSARMBEWEGUNG* zur Schulung der Einzelarbeit
- ✓ *PARALLELE ENTWICKLUNG* von *STARTS* und *WENDEN*
- ✓ *HOHE EFFEKTIVITÄT* durch kontinuierliches Anwenden von verbalen Technikanweisungen in Verbindung mit Zeichensprache.

! ***Eine Korrektur von Technikinformationen nach Abschluß des Trainings ist wirkungslos, da die Sportler diese Hinweise nachfolgend nicht mehr verarbeiten und bewegungsmotorisch umsetzen können.***

2.2

Rückenschwimmen

Aufgabenstellung:

Schnelles Fortbewegen im Wasser in der Rückenlage mit Einsatz vortriebswirksamer Wechselschlagbewegungen der Arme und Beine bei einer strömungsgünstigen Körperlage sowie Beherrschung einer zweckmäßigen Atmung.

A: Technikschwerpunkte Rückenschwimmen

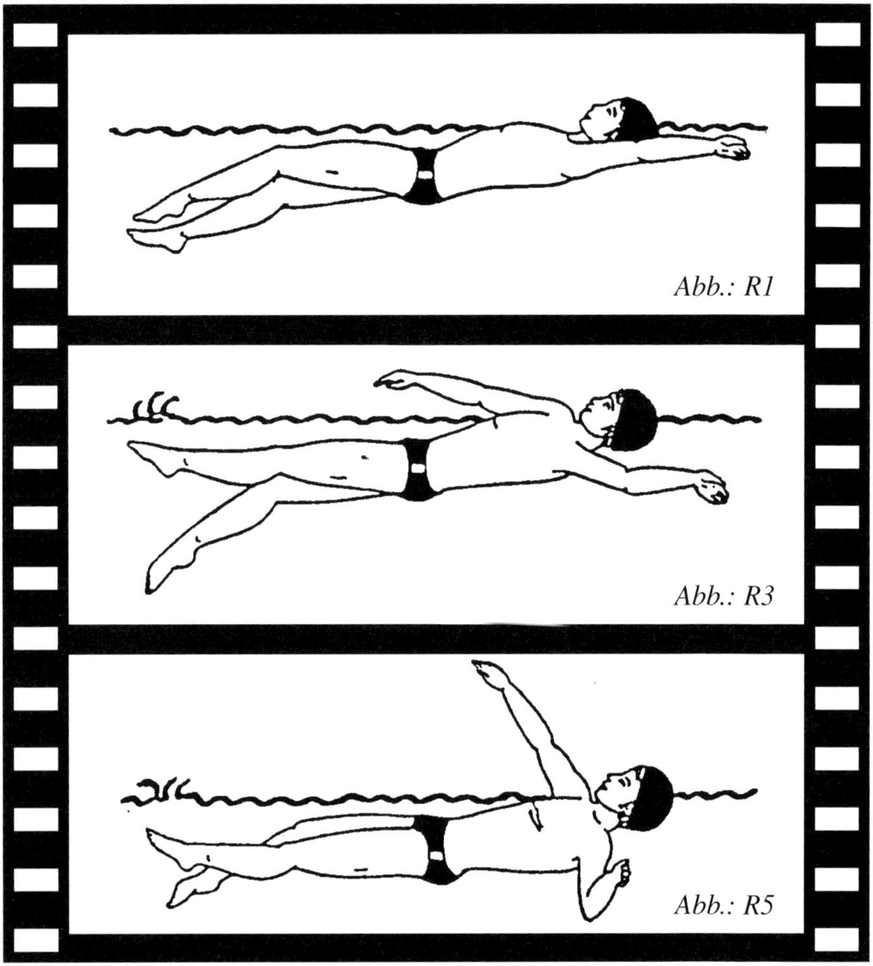

Abb.: R1

Abb.: R3

Abb.: R5

Abb.: R1 und R2

ARME:

- Anstellen der einen Handfläche zum „Wasserfassen“ in der einleitenden Phase.

BEINE:

- Einleitung durch eine Bewegung des Oberschenkels nach oben.

ATMUNG:

- Beginn des langen Ausatmens.

Abb. R3, R4, R5 und R6

ARME:

- Sofortiges Beugen in der Hauptphase des Armes bei der Bewegung nach hinten im Ellbogengelenk.
- Größte Geschwindigkeit der Hand gegen Ende der Abdruckbewegung = Abdruckphase.

BEINE:

- Fuß „überstreckt“ und locker; explosives Schlagen des Unterschenkels.

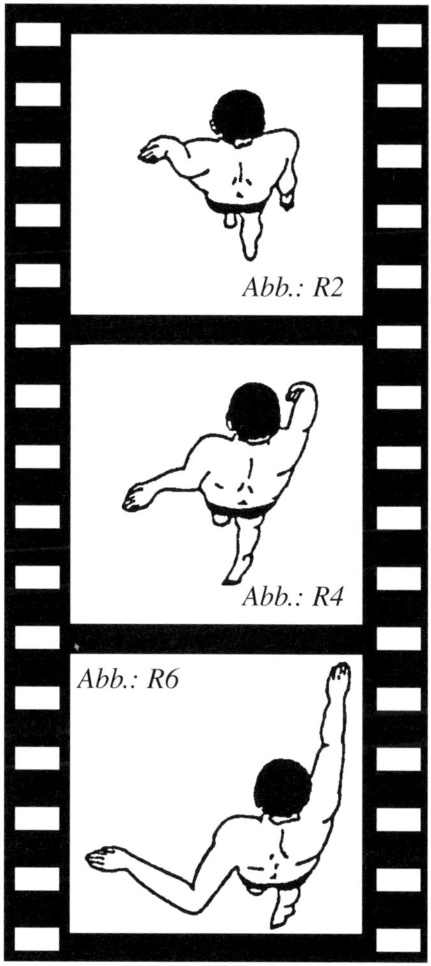

A: Technikschwerpunkte Rückenschwimmen

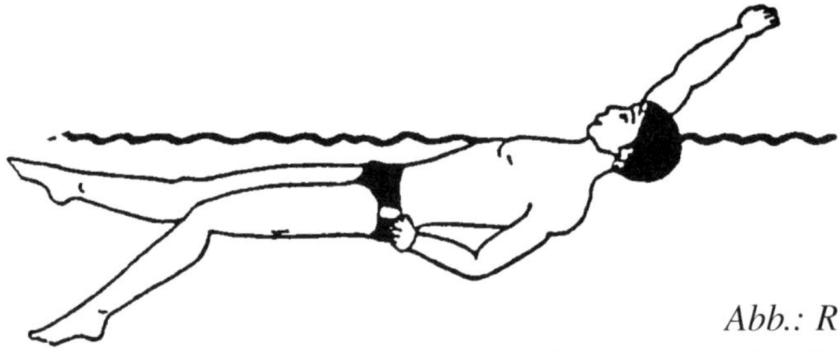

Abb.: R7

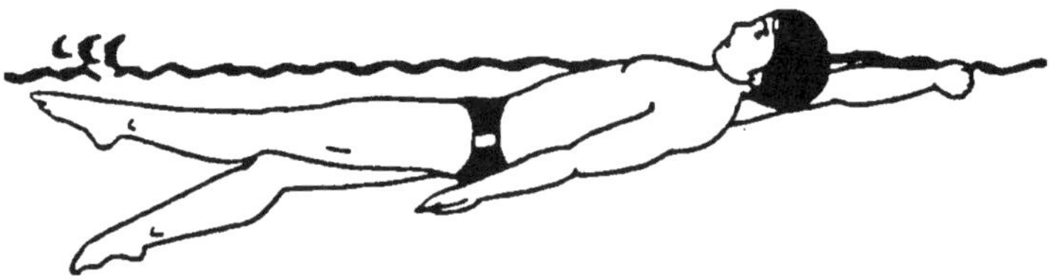

Abb.: R9

Abb.: R13

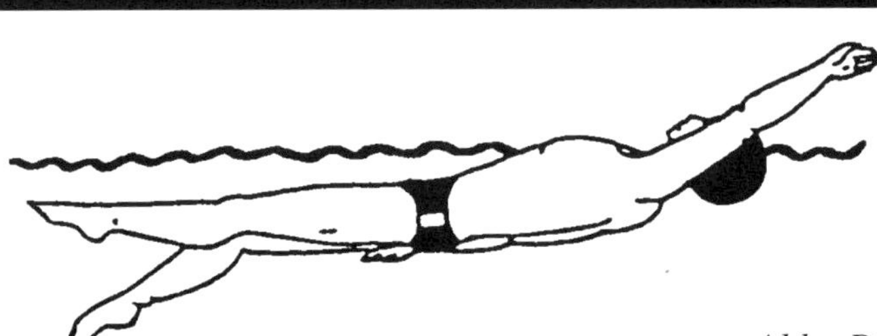

Abb.: R15

Abb. R7, R8, R9 und R10

ARME:
- Herausnehmen der Hand aus dem Wasser ohne Verzögerung, ohne „Tellern“ oder tiefes Absinken.

BEINE:
- Bein gestreckt.

ATMUNG:
- Beginn des langen, tiefen Einatmens.

Abb.: R8

Abb.: R10

Abb. R12, R13 und R14

ARME:
- Bewegen des entspannten Armes senkrecht zur Wasseroberfläche in Schwimmrichtung; Vorbereitung des Armes zur einleitenden Phase.

BEINE:
- Explosives Schlagen des Unterschenkels nach oben bis zur Streckung des Beines.

Abb.: R12

Abb.: R14

B: Grundanforderungen - Rückenschwimmen

Für die Erfassung der Güte „Bewegungsausführung“ im Rückenschwimmen sind die folgenden ausgewählten Bewegungsmerkmale zu beachten:

Grundanforderungen – Rückenschwimmen	
Bewegungsmerkmal	Punkte
1. Beinbewegung in der Gesamtbewegung	
Ununterbrochene und wirkungsvolle Schlagbewegung der Beine aus der Hüfte, bei Beachtung des Bewegungsflusses. ☞ • **Knie nicht über Wasser!** ☞ • **6er Schlag!**	1
2. Armbewegung	
Ununterbrochene Aufeinanderfolge der Abdruckbewegung der Arme bei Beachtung einer regelmäßigen Atemtechnik. ☞ • **Atmen ohne Pressen!**	1
Wasserfassen und Anstellen der Hände mit gestreckten Armen in Schulterbreite.	1
Langer Abdruck bis zum Oberschenkel.	1
3. Körperlage	
Ruhige Körperlage mit gestreckter Körperhaltung. ☞ • **Gleitbootlage!**	1
Maximum der Punktbewertung	**5**

! ***Die Beobachtungsergebnisse können mit Hilfe der Punktbewertung registriert und gruppenspezifische sowie individuelle, technikspezifische Mängel besser analysiert werden.***

Tips zur gedanklichen Technikorientierung

☞ Beinbewegung

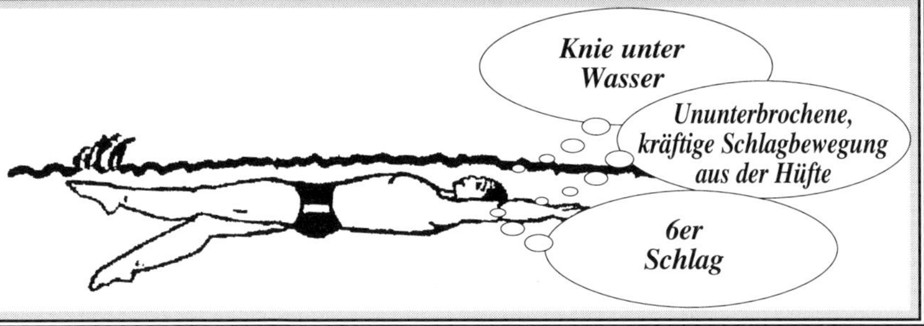

☞ Armbewegung

Wasserfassen und Anstellen der Hände

Ununterbrochene Abdruckbewegung der Arme

Langer Abdruck bis zum Oberschenkel

☞ Gesamtbewegung

Gestreckte, ruhige Körperlage

Regelmäßige Atemtechnik (1er/2er Atmung)

Blick auf die Füße

C: Lernabfolge - Rückenschwimmen

In der folgenden Übersicht werden für das Rückenschwimmen Hinweise für die inhaltliche Gestaltung der einzelnen Lernschritte angeboten.

Beachte:
Die numerierte Lernabfolge ist beizubehalten!

➤ Die Reihung der **Teilanforderungen** kann der gruppentypischen Situation angepaßt und variiert werden.

☞• **Zahlreiche Tips** für den Trainer sollen die Trainingspraxis unterstützen. Für das zielgerichtete Lerntraining können zur weiteren Qualifizierung der Schwimmtechnik spezielle Übungsformen im ● Wasser- bzw. ❍ Landtraining angewendet und durch den Trainer weiterentwickelt werden.

Lernabfolge mit Fixierung der Technikmerkmale
Rückenschwimmen

Technikmerkmal

Spezielle Übungen beim ● Wasser- ❍ Landtraining

☞ Tips für den Trainer

Beinbewegung

1.

➤ **Gut gestreckte Körperposition in der Rückenlage.**	● Kraftvoller Abstoß in der Rückenlage mit anschließender, bewußter Gleitphase. ☞ **Kopf zwischen den gut gestreckten Armen!** ☞ **Körperstreckung ohne „Sitzen“ oder „Hüftknick“!**
➤ **Ununterbrochene und kräftige Schlagbewegung der Beine.**	● Intensive Beinbewegung auf kurzen Teilstrecken (12,5-20 m). ☞ **Aus dem kraftvollen Abstoß mit Beachtung der (kurzen) Gleitphase!** ☞ **Beinbewegung - pausenlos mit betontem Auf- und Abwärtsschlag!** ❍ *Verbesserung der **Beweglichkeit** im Fußgelenk!*
➤ **Kräftige Schlagbewegung der Beine aus der Hüfte.** *Beachte:*	● Schnellkräftige Beinbewegung über kurze Strecken (mit oder ohne Schwimmbrett) bei gut gestreckten Armen. ☞ **Knie bleiben unter Wasser! Fließende Bewegungsübertragung von der Hüfte bis zum Fuß!** ☞ **Verbesserung der Beweglichkeit im Hüftgelenk!**
➤ **Aktive Schlagbewegung aufwärts aus dem Unterschenkel.**	● Intensive Beinbewegung auf kurzen Teilstrecken. ☞ **Unterschenkel werden betont explosiv bis zur Kniestreckung nach oben geschlagen!** ☞ **Füße nicht zu hoch aus dem Wasser schlagen!**
➤ **Rhythmische Atemtechnik mit Beinbewegung verbinden.**	● Beinbewegung auf kurzer und verlängerter Streckenlänge. ☞ **Regelmäßige Ein- und Ausatmung nach vorgegebenem Beinschlagrhythmus!** ☞ **Ein- und Ausatmung durch Mund und Nase!**

Armbewegung (in der Gesamtbewegung)

2.

➤ **Ununterbrochene Aufeinanderfolge wechselseitiger Armbewegung.**

● Armbewegung über kurze Teilstreckenlänge (15-25 m) mit Einsatz der Beine zur Stabilisierung der Körperlage.

➤ **Eintauchen der Hand mit dem kleinen Finger zuerst bei gut gestrecktem Arm.**

☞ **Regelmäßige Armbewegung ohne Unterbrechung.**

☞ **Kopfhaltung leicht angehoben mit Blick zu den Füßen.**

❍ *Schulung der **Koordination** abwechselnder Armbewegung.*

● Gleichzeitige Rückenarmbewegung („altdeutsch") über kurze Teilstreckenlänge (25-50 m).

☞ **Arme greifen weit vor dem Kopf in Schulterbreite ins Wasser mit dem kleinen Finger zuerst.**

❍ *Verbesserung der **Beweglichkeit** im Schultergelenk.*

➤ **Sofortiges „Wasserfassen" der Hand nach dem Eintauchen.**

➤ **Optimal langer, geradliniger und kraftvoller Beschleunigungsweg der Hand bis zum Oberschenkel.**

☞ **Anstellen der Handflächen weit vor dem Kopf!**

☞ **Kraftvoller und langer Abdruck der angestellten Hand und des Unterarmes nach unten hinten!**

❍ ***Imitationsübungen** der Rückenarmbewegung zur Verbesserung der Bewegungsvorstellung.*

❍ *Übungen zur Verbesserung der allgemeinen **Armkraft**.*

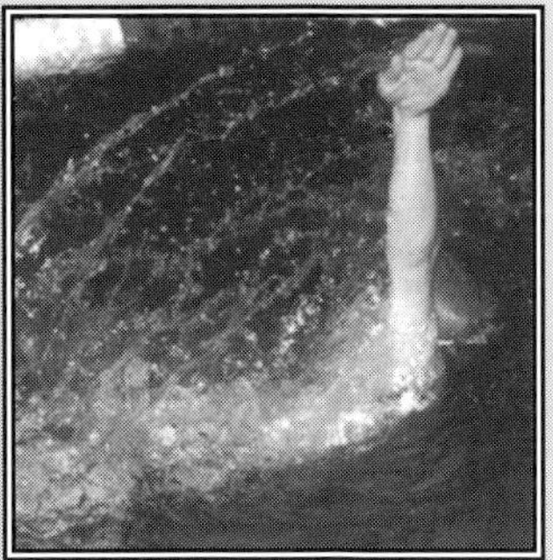

➤ **Hand aus dem Wasser und entspannt mit gestrecktem Arm über das Wasser schwingen.**
➤ **Atemtechnik zur Armbewegung zuordnen.**

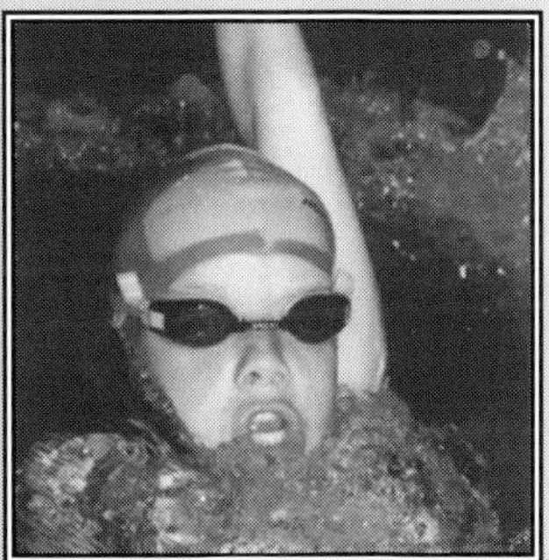

☞ **Armbewegung ohne Pause!**
☞ **Langer Armeinsatz und langer Abdruck bis zum Oberschenkel!**

● Abstoß mit anschließender verlängerter Unterwasserphase (bis 8 m) und gleichmäßiger Ausatmung.

☞ **Einatmung beginnt mit dem ersten Armzug, Ausatmung mit dem folgenden Zug usw.**

Gesamtbewegung

3.

➤ **Ununterbrochene Aufeinanderfolge der Arm- und Beinbewegung.**

- Abstoß ➞ Unterwasserphase (8 m) mit kraftvoller, schneller Beinbewegung (ca. 12 Beinschläge), danach Übergang in die Gesamtbewegung auf Teilstrecken bis 20 m.

➤ **6er Beinschlag.**

☞ **Zu einem vollständigen Armzug sechs kraftvolle Beinschläge!**

➤ **Körperlage ist ruhig gestreckt und Schulter relativ hoch.**

- Betont kraftvolle Beinbewegung zur Stabilisierung der Körperlage.

➤ **Rhythmische Atmung**

- Pausenlose, gleichmäßige Atmung. Auf einen Armzug intensive Einatmung, zum anderen Armzug kräftig „lang“ ausatmen, bis 15 m mit hohem Tempo.

☞ **Erste Abdruckbewegung des Armes betont kraftvoll üben!**

Wettbewerb:

- 4 bis 6 x 15 m Rückenkraul mit Start auf Kommando.

Aufgabe:

- 10 m schnellkräftige RB unter Wasser, danach bis 15 m R (Zeit stoppen).

(in Anlehnung an SCHRAMM, E. 1987, S. 214 - 215)

2.3

Rückenstart

Aufgabenstellung:
Erreichen eines sehr schnellen Überganges von der Ruhestellung an der Startwand zu einer großen Schwimmgeschwindigkeit.

A: Technikschwerpunkte Rückenstart

Ausgangsstellung

- Hände greifen Startgriffe.
- Körper an die Startwand heranziehen und anheben durch Beugen der Arme.
- Sicherer Halt der Füße an der Startwand mit leichter Schrittstellung.

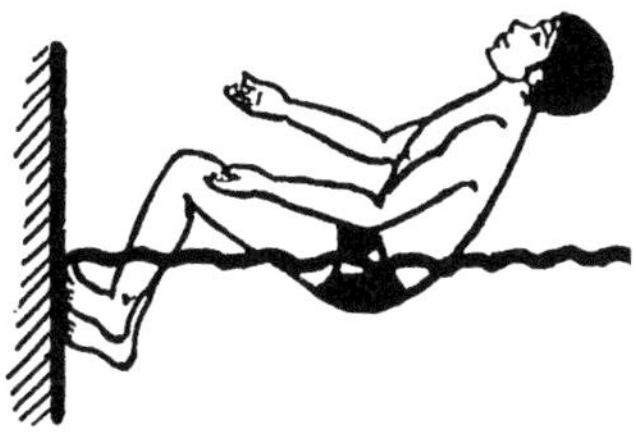

Absprung

- Hände drücken sich vom Startgriff ab.
- Schnelles, aktives Rückwerfen des Kopfes, der Arme seitlich vom Körper und des Oberkörpers.
- Kräftiger Abdruck der Füße von der Startwand.

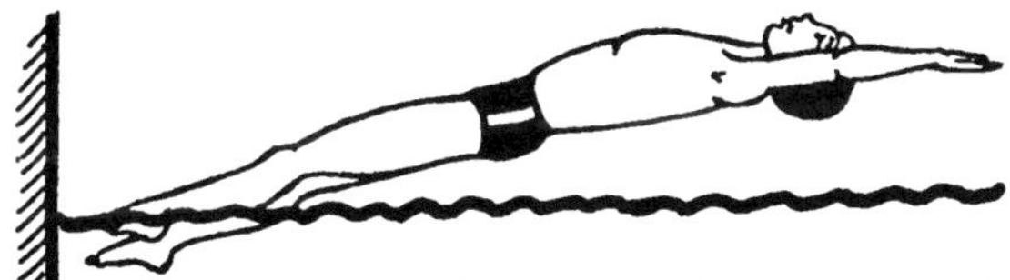

- Schnellkräftige Streckung von Hüft-, Knie- und Fußgelenk.
- Hände sind gestreckt in Absprungrichtung.
- Einatmung.

Flugphase

- Körperhaltung ist gestreckt in Bogenspannung.
- Kopf im Nacken zwischen den Armen.
- Armhaltung gut gestreckt in Richtung Wasseroberfläche.

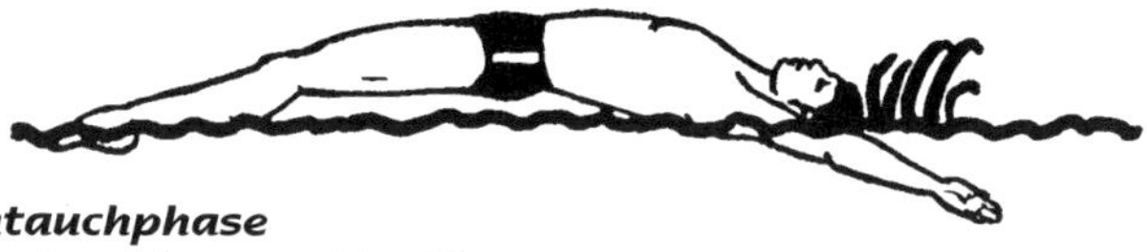

Eintauchphase
- Hände tauchen zuerst ins Wasser.
- Kopf und Hände übernehmen die Steuerfunktion des Körpers.

Gleitphase
- Vollständige Körperstreckung.
- Hände, Arme und Kopf steuern den Körper in Richtung Wasseroberfläche.
- Ausatmung.

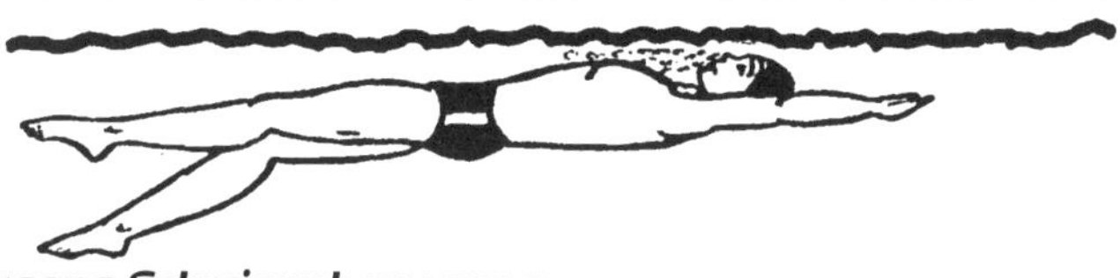

Übergang Schwimmbewegung
- Schnellkräftiger Einsatz der Beinbewegung, wenn Gleitgeschwindigkeit etwa der Schwimmgeschwindigkeit entspricht.
- Vollständige Ausatmung.

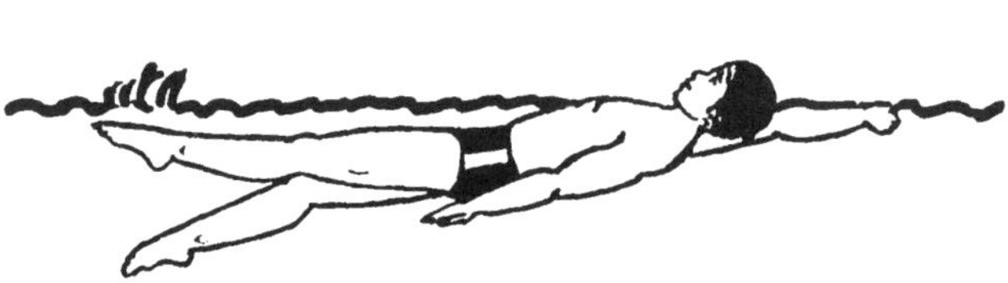

- Beginn mit der ersten Armbewegung, wenn der Kopf die Wasseroberfläche erreicht (kein Doppelarmzug).

B: Grundanforderungen - Rückenstart

Zur Erfassung der Güte der Bewegungsausführung des Rückenstarts sind folgende ausgewählte Bewegungsmerkmale zu beobachten:

Grundanforderungen – Rückenstart	
Bewegungsmerkmal	Punkte
1. Startstellung	
Anheben des Körpers unmittelbar vor dem Startkommando. ☞ • **Sicherer Halt der Füße!**	*1*
2. Absprung	
Schnellkräftiger Absprung mit „Rückwerfen des Kopfes“, der Arme und des Oberkörpers in die Absprungrichtung vor dem	*1*
explosiven Strecken von Knie und Hüftgelenk. ☞ • **Hüfte über Wasser (Bogenspannung)!**	*1*
3. Übergang Schwimmbewegung	
Nach der Gleitphase erst schnellkräftiger Einsatz der Beinbewegung bei	*1*
vollständiger Ausatmung unter Wasser.	*1*
Maximum der Punktbewertung	**5**

! ***Die Beobachtungsergebnisse können mit Hilfe der Punktbewertung registriert und gruppenspezifische sowie individuelle, technikspezifische Mängel besser analysiert werden.***

Tips zur gedanklichen Technikorientierung

☞ Ausgangsstellung

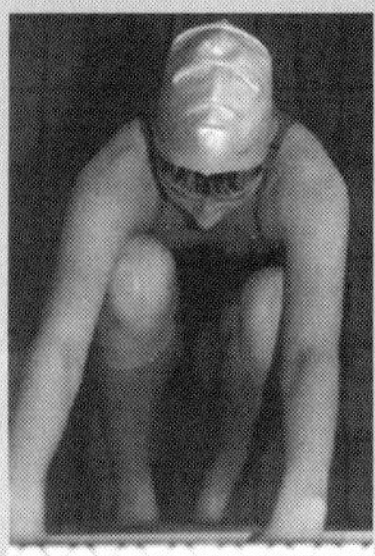

Heranziehen des Körpers

Sicherer Halt der Füße

Konzentration auf das Startkommando

☞ Absprung

Kräftiges Abspringen

Einatmung

Hüfte über Wasser

☞ Übergang in die Schwimmbewegung

Gleiten mit Körperstreckung

Ausatmung

Kräftige Beinbewegung unter Wasser

Orientierung nach der Wasseroberfläche Kraftvoller Einsatz der Arme

C: Lernabfolge - Rückenstart

In der folgenden Übersicht werden für den Rückenstart Hinweise für die inhaltliche Gestaltung der einzelnen Lernschritte angeboten.

Beachte:
Die numerierte Lernabfolge ist beizubehalten!

➤ Die Reihung der **Teilanforderungen** kann der gruppentypischen Situation angepaßt und variiert werden.

☞• **Zahlreiche Tips** für den Trainer sollen die Trainingspraxis unterstützen. Für das zielgerichtete Lerntraining können zur weiteren Qualifizierung der Schwimmtechnik spezielle Übungsformen im ● Wasser- bzw. ❍ Landtraining angewendet und durch den Trainer weiterentwickelt werden.

Imitationsübung zur Schulung des explosiven Rückenstarts

Lernabfolge mit Fixierung der Technikmerkmale
Rückenstart

Technikmerkmal

Spezielle Übungen beim ● Wasser- ❍ Landtraining

☞ Tips für den Trainer

Startstellung

1.

➤ **Erklären, Demonstrieren und kurzes, aber regelmäßiges Üben.**

● Üben der Ausgangsstellung:

☞ **Sicherer Halt der Hände an der Startvorrichtung.**

☞ **Füße in leichter Schrittstellung.**

☞ **Blick zur Wand.**

❍ *Übungen zur Schulung der **Konzentrations-** und **Reaktionsfähigkeit!***

Absprung

2.

- **Zusammenfügen der gleichzeitigen Bewegungshandlung von:**

Aus der Ausgangsposition betontes Üben:

- Kräftig explosives Abspringen mit gleichzeitigem

- **kraftvollem Abdruck der Füße von der Wand mit**

- aktiven Kopfeinsatz bzw. Einsatz der Arme und des Oberkörpers.

- **schnellem Nachhintenwerfen des Kopfes, der Arme und des Oberkörpers.**

❍ *Entwicklung und Verbesserung der **Sprungkraft** in Kombination mit der*

❍ ***Reaktionsschnelligkeit!***

❍ *Entwicklung der Körperspannung*

❍ ***Imitationsübungen** zur Schulung der explosiven Bewegungsausführung.*

- **Atemtechnik der Armbewegung zuordnen.**

- Aus der Ausgangsstellung mit gezielter Absprungrichtung: „aufsteigend - nach hinten“.

- **Absprung mit Schulung der Bewegungsrichtung (Absprungwinkel ± 25°).**

☞ **Gestreckte Körperhaltung!**

☞ **Kopf zwischen den Armen!**

- Absprünge aus der Ausgangsstellung mit unterschiedlichen Absprungrichtungen.

☞ **„Richtungsänderungen“ (hoch, flach) durch unterschiedliche Kopfhaltung.**

Beachte:

- Am Ende der Übung mit der richtigen bzw. optimalen Absprungrichtung abschließen!

Wettbewerb: **„Wer ist der schnellste Rückenstarter?“**

- Rückenstart auf Kommando mit anschließendem Gleiten. Gemessen wird die Zeit vom Startsignal bis zur Markierung (ca. 3-4 m) mit „Kopfdurchlauf“.

Flug- und Eintauchphase

3.

➤ **„Bogenspannung“ in der Flugphase bis zum Eintauchen.**

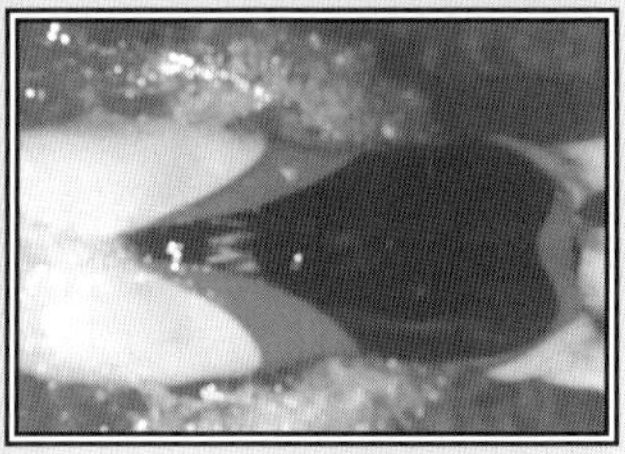

- Rückenstart aus der Ausgangsstellung mit betontem Hüftschwung nach oben (Hüfte aus dem Wasser heben).
- Rückenstart ➟ Bogenspannung mit betonter Kopfsteuerung während der Flugphase.

☞ **Hüfte betont anheben, Kopf und Arme nach hinten unten durchdrücken.**

➤ **Eintauchen mit den Fingern zuerst.**

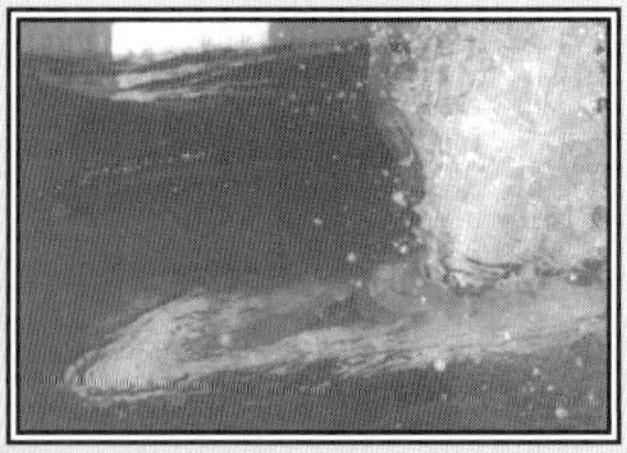

- Rückenstart ➟ Bogenspannung ➟ Kopf zwischen den nach unten gedrückten Armen.

❍ *Schulung und Verbesserung der* ***Beweglichkeit des Schultergelenks*** *und der* ***Wirbelsäule.***

Gleiten und Übergang in Schwimmbewegung

4.

➤ **Nach dem Eintauchen kurze Gleitphase.**

➤ **Steuerfunktion von Kopf und Armen.**

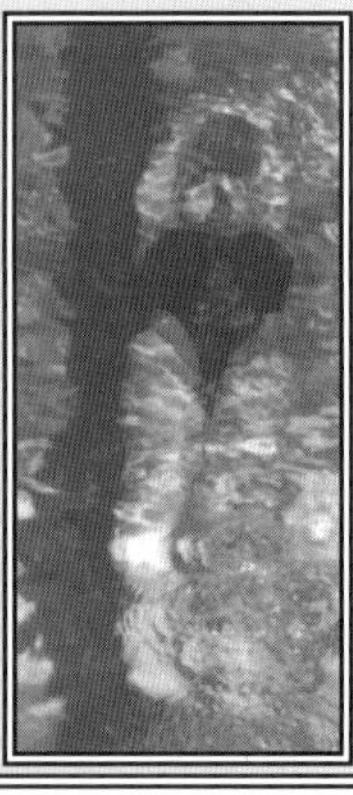

- Aus der Ausgangsstellung ➟ Rückenstart mit anschließender bewußter Gleitphase ohne Einsatz der Beinbewegung.

☞ **Beim Eintauchen leichtes Anheben des Kopfes.**

☞ **Mit den Händen und Kopf in Richtung Wasseroberfläche „steuern“!**

Beachte:

- Keine plötzliche oder ruckartige Richtungsänderung vornehmen!
- Am Ende der Übung mit der richtigen bzw. optimalen Gleitkurve abschließen!

Idee:

- Rückenstart mit anschließender tiefer oder flacher Gleitkurve, Rückenstart mit extrem steilem Auftauchen.

➤ **Einsatz intensiver Beinbewegung mit gleichmäßiger Ausatmung nach kurzer Gleitphase.**

- Aus der Ausgangsstellung ➡ Rückenstart mit Beachtung der kurzen Gleitphase und Einsatz schnellkräftiger Beinbewegung unter Wasser (bis ca. 10 m).

Beachte:

- Schnellkräftiger Einsatz der Beinbewegung, wenn Gleitgeschwindigkeit etwa der Schwimmgeschwindigkeit entspricht.

Idee:

- Rückenstart ➡ Gleitdauer (bis drei zählen) ➡ schnellkräftige Beinbewegung (bis 12 Beinschläge) bei gleichmäßigem Ausatmen.

➤ **Einsatz der Armbewegung, wenn der Kopf über der Wasseroberfläche ist.**

- Aus der Ausgangsstellung ➡ Rückenstart ➡ kurze Gleitphase ➡ schnellkräftige (12) Beinbewegungen ➡ Übergang in die Gesamtbewegung.

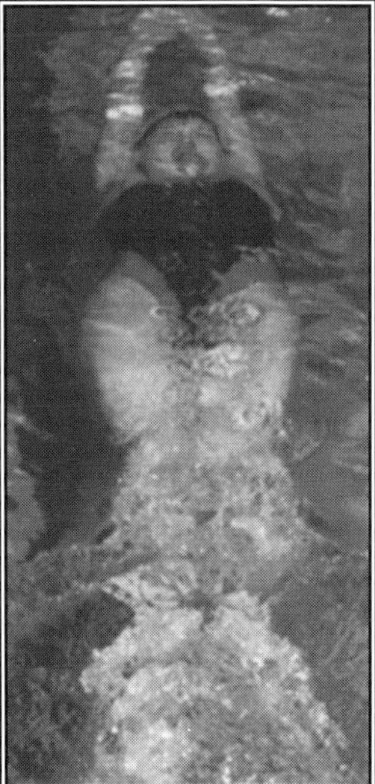

Intensive Beinbewegung nach kurzem Gleiten

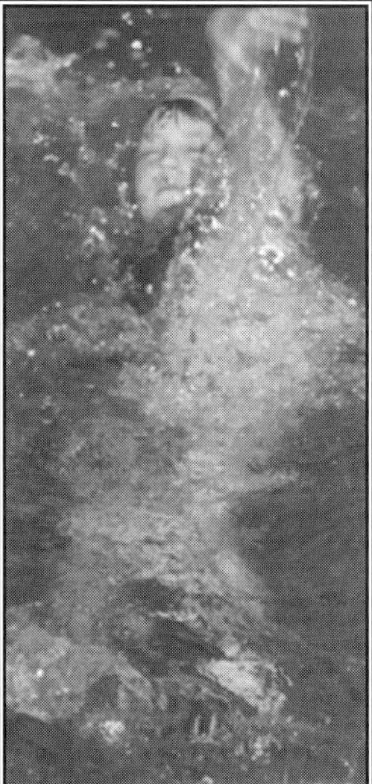

Beginn der Armbewegung, wenn der Kopf an der Wasseroberfläche ist.

(in Anlehnung an SCHRAMM, E. 1987, S. 226 - 228)

Tips zum Technik-Lerntraining

A: Standard-Rückenstart

- ✓ **Übungsdauer:** ±15 Minuten
- ✓ **Anzahl der Wiederholungen:** 4-8 x
- ✓ **Streckenumfang:** 100-150 m
- ✓ **Aktive Pause:** 2 bis 3 Minuten (mit Lockerschwimmen)

Belastungsdauer: ±10“	Abschnitt I	Technikanforderung in maximaler Schnelligkeit (Sprint)
Intensität:	Abschnitt II **Idee:**	Schwimmkombination als Lockerschwimmen • In der Rückenlage Armbewegung im Gleichschlag mit Brustbeinbewegung

- ***Aus der Ausgangsstellung ➟ kraftvoller Absprung auf Kommando ➟ Bogenspannung in der Flugphase ➟ eintauchen ➟ kurze Gleitphase ➟ schnellkräftige Beinbewegung unter Wasser ➟ Beginn der Gesamtbewegung beim Auftauchen ➟ hohes Tempo beim Rückenschwimmen bis zur festgelegten Markierung ➟ [Stop] ➟ Fortsetzung des Schwimmens in SK (Abschnitt II).***

☞ Ein- bis maximal zwei technische Teilanforderungen - einstudieren bzw. üben!

☞ Gruppenspezifische Technikhinweise geben, die mit individuellen Tips schwimmtechnischer Auffälligkeiten ergänzt werden können!

Wettbewerb: Übungsablauf wie oben beschrieben, mit Erfassung der Schwimmzeit bei Kopfdurchlauf an der Markierung. ***„Wer ist der schnellste Starter und Sprinter?“***

Kombination: O.g. Übungsablauf mit zwei Kriterien:
a) Schwimmzeit der festgelegten Distanz
b) Punktevergabe für erfüllte Technikanforderung.
„Wer ist der technisch beste Starter und schnellste Sprinter?“

Empfehlung zur Organisation

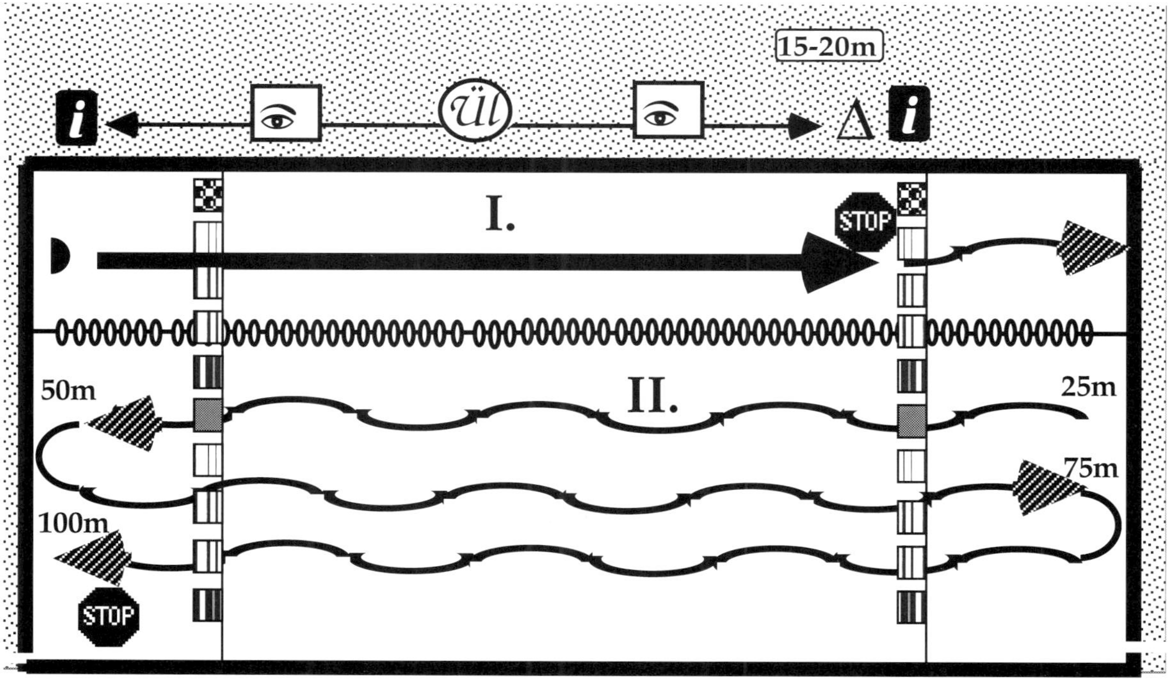

LEGENDE:

- *i* Informationsgebung durch den Übungsleiter am Beginn und Ende des Technikabschnittes
- *Ül* Übungsleiter/ Trainer (T)/ Lehrer (L)
- *Ül* Standort und
- Beobachtungsbereich des ÜL/T/L
- Begrenzungsfähnchen (5 m vor der Wand)
- 0000 Schwimmleine
- Δ Streckenmarkierung
- STOP Sportler hält an für Informationshinweise vom ÜL/T/L
- ● ▸ I. Abschnitt
- ≈▸ II. Abschnitt

ß: Kombination-Rückenstart-Anschlag

✓ **Übungsdauer:** ±15 Minuten
✓ **Anzahl der Wiederholungen:** 4-8 x
✓ **Streckenumfang:** 100-200 m
✓ **Aktive Pause:** 2 bis 3 Minuten (mit Lockerschwimmen)

Belastungsdauer: ±10"	Abschnitt I	Technikanforderung in maximaler Schnelligkeit (Sprint)
Intensität:	Abschnitt II **Idee:**	Schwimmkombination • In der Rückenlage Armbewegung im Gleichschlag mit Brustbeinbewegung.
	Abschnitt III	Technikanforderung - Anschlag in maximaler Schnelligkeit.

● ***Aus der Ausgangsstellung ➡ kraftvoller Absprung auf Kommando ➡ Bogenspannung in der Flugphase ➡ eintauchen ➡ kurze Gleitphase ➡ schnellkräftige Beinbewegung unter Wasser ➡ Beginn der Gesamtbewegung beim Auftauchen ➡ hohes Tempo beim Rückenschwimmen bis zur festgelegten Markierung; [Stop] ➡ Fortsetzung des Schwimmens in SK (Abschnitt II) ➡ [Stop] an der Markierung ΔΔ ➡ anschwimmen (evtl. auf Kommando) mit maximaler Geschwindigkeit bis zum Anschlag.***

☞ Anschlag als Bewegungsaufgabe ohne technische Hinweise, da der Rückenstart als Technikauftrag geübt wird!
☞ Schnelligkeitsanforderungen sind sowohl für den Start als auch für den Anschlag zu erfüllen!

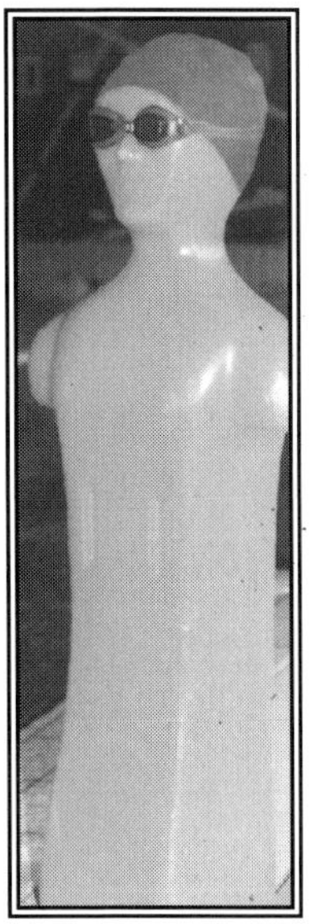

Für Markierungshilfen sind der Phantasie des Trainers keine Grenzen gesetzt ...!

Empfehlung zur Organisation

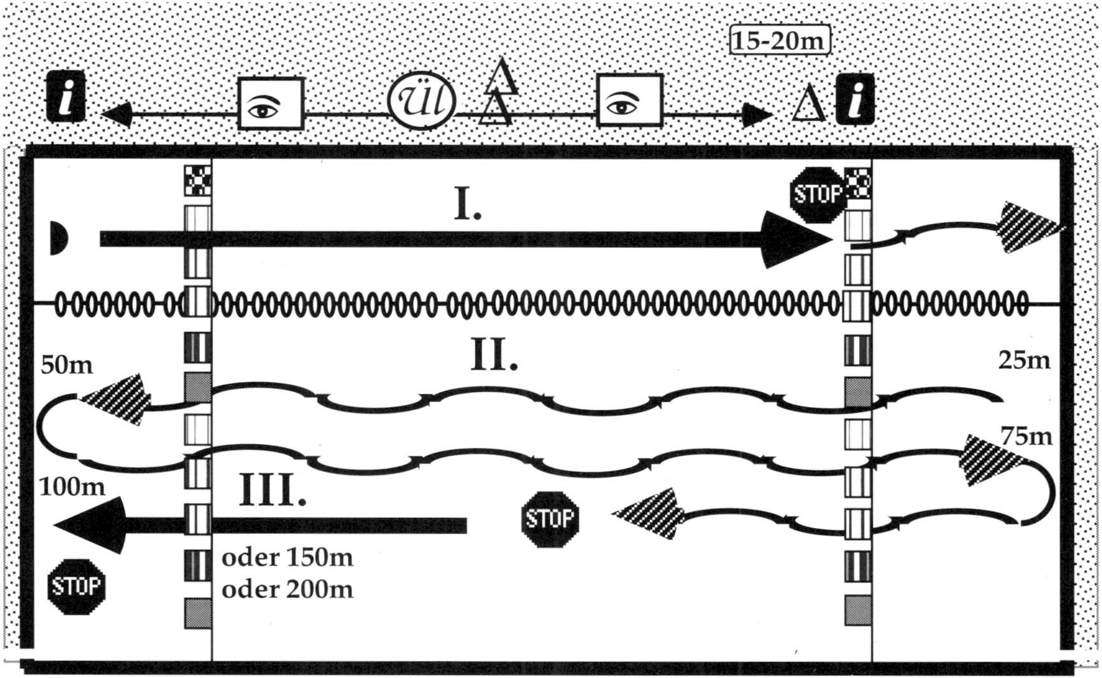

LEGENDE:

- *i* Informationsgebung durch den Übungsleiter am Beginn und Ende des Technikabschnittes
- Ül Übungsleiter/ Trainer (T)/ Lehrer (L)
- Ül Standort und
- Beobachtungsbereich des ÜL/T/L
- Begrenzungsfähnchen (5 m vor der Wand)
- 0000 Schwimmleine
- Δ Streckenmarkierung
- STOP Sportler hält an für Informationshinweise vom ÜL/T/L
- ● I. Abschnitt
- ≈► II. Abschnitt

C: Kombination-Rückenstart mit Ausdauertraining

✓ **Übungsdauer:**		15-45 Minuten im Training des Ausdauerprogrammes eingefügt
✓ **Anzahl der Wiederholungen:**		6-12 x eingeordnet in die Ausdauer - Teilstreckenlänge (TSL)
✓ **Streckenumfang:**		Minimum 100 bis 400 m
✓ **Pause:**		10“-1’ entsprechend der Serienanforderung
✓ **Intensität:**	I. Abschnitt =	Höchste Schnelligkeit in technischer Perfektion“.
	II. Abschnitt =	Ausdauer - TSL
✓ **Belastungsdauer:**		Maximal 10“ bzw. 15 bis 20 m für den I. Abschnitt

Belastungsdauer: ±15’-45’	Abschnitt I.	Technikanforderung in maximaler Schnelligkeit (Sprint).
Intensität:	Abschnitt II.	Ausdauerserie

● ***Zum Beginn der Ausdauerserie wird mit Rückenstart aus der Ausgangsstellung auf Kommando die festgelegte Sprintdistanz in maximaler Schnelligkeit zurückgelegt ➟ Fortsetzung der Schwimmdistanz in mittlerer (Ausdauer)-Intensität bis zur Beendigung der Teilstrecke.***

☞ Maximal ein geplantes technisches Merkmal im Sprintabschnitt abverlangen!

☞ Gruppenspezifische und individuelle Hinweise mittels „Zeichensprache“ durch Handbewegungen den Sportlern mitteilen!

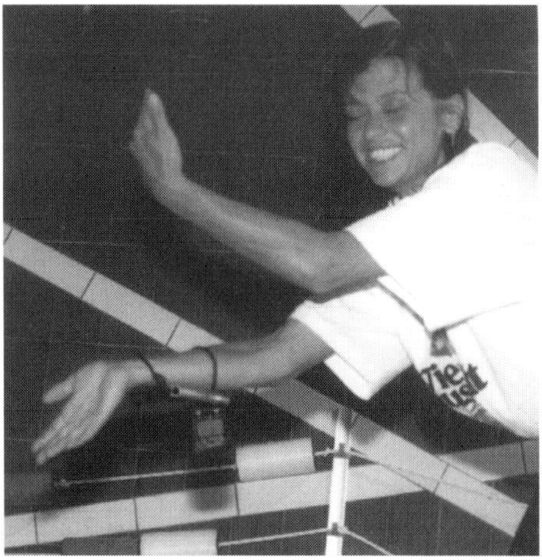

2.4

Tiefe Rückenwende

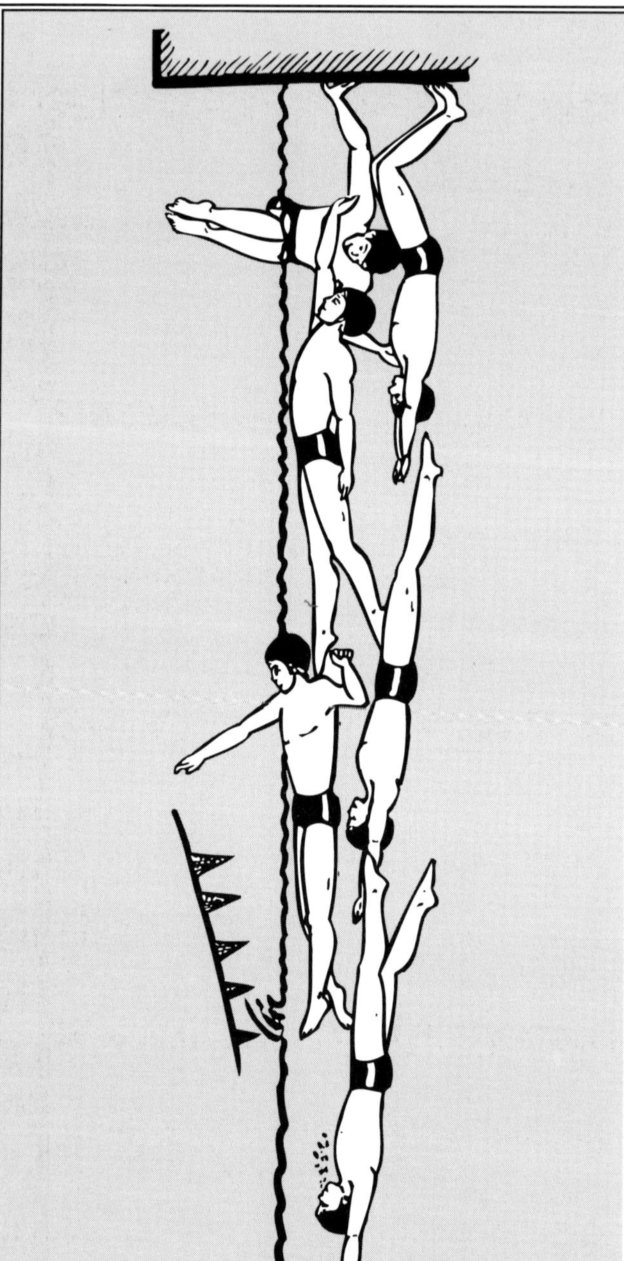

Aufgabenstellung:
Richtungsumkehr an der Wendenwand
mit einer Wendengeschwindigkeit,
die größer als die Schwimmgeschwindigkeit sein muß.

A: Technikschwerpunkte tiefe Rückenwende

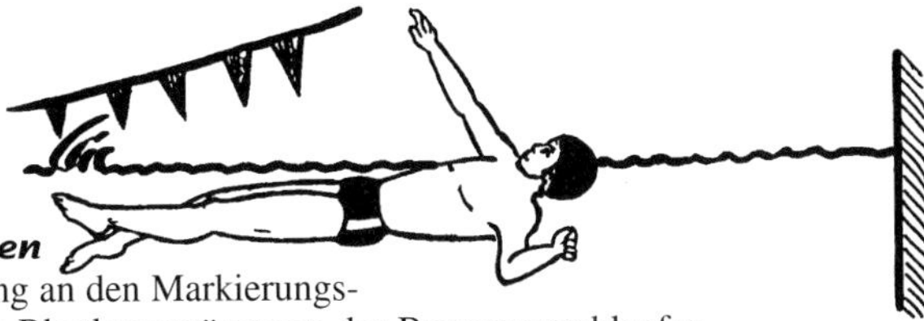

Anschwimmen

- Vororientierung an den Markierungsfähnchen ohne Rhythmusstörungen des Bewegungsablaufes.
- Anschwimmen mit voller Geschwindigkeit.
- Einatmung bei der letzten Armbewegung vor der Wand.

Anschlag

- Anschlag mit langem Arm unter der Wasseroberfläche.
- Aktives Drücken des Kopfes nach hinten unten in die Drehrichtung.
- Leichtes Anheben der Hüfte (Bogenspannung).

Drehung

- Explosives Anhocken der Beine über Wasser in Richtung des Anschlagarmes zur Wand.
- Kräftiger Abdruck der Anschlaghand zur Unterstützung der Drehung.
- Anschlagarm drückt den Oberkörper in die neue Schwimmrichtung.

Abstoß

- Sichere Abstoßstellung beider Füße unter Wasser an der Wand (etwa 40-50 cm tief).
- Arme sind langgestreckt vor dem Körper, Kopf zwischen den Armen.
- Kraftvoller Abstoß mit explosiver Körperstreckung.

Gleitphase

- Kurze Gleitphase mit vollständiger Körperstreckung.
- Hände, Arme und Kopf steuern den Körper in Richtung Wasseroberfläche.
- Ausatmung.

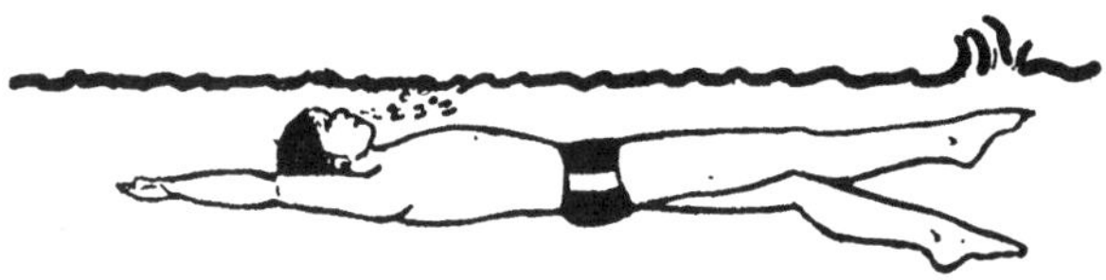

Übergang Schwimmbewegung

- Schnellkräftiger Einsatz der Beinbewegung, wenn Gleitgeschwindigkeit etwa der Schwimmgeschwindigkeit entspricht.
- Vollständige Ausatmung.
- Beginn mit der ersten, besonders intensiven Armbewegung, wenn der Kopf die Wasseroberfläche erreicht (kein Doppelarmzug).

B: Grundanforderungen - tiefe Rückenwende

Zur Erfassung der Güte der Bewegungsausführung bei der Rückenwende sind die folgenden, ausgewählten Bewegungsmerkmale zu beachten:

Grundanforderungen – tiefe Rückenwende	
👁 **Bewegungsmerkmal**	Punkte
1. Anschwimmen	
👁 Vororientierung und Anschwimmen mit voller Geschwindigkeit. ☞ • **Anschwimmen ohne Abbremsen oder Angleiten!**	*1*
2. Anschlag und Drehung	
👁 Anschlag mit einer Hand; deutlich unter der Wasseroberfläche zum Anschlag an der Wand „hinunterschwimmen".	*1*
👁 Gleichzeitig wird der Kopf aktiv nach hinten unten in die Drehrichtung gedrückt: ☞ • **Mit gleichzeitigem Einnehmen der „Bogenspannung" des Körpers!**	*1*
3. Abstoß + Übergang in die Schwimmbewegung	
👁 Schnellkräftiger Abstoß horizontal unter Wasser bis zur Körperstreckung. ☞ • **Kopf ist zwischen den Armen!**	*1*
👁 Nach kurzer Gleitphase erfolgt zuerst der Einsatz intensiver Beinbewegung, danach die Gesamtbewegung: ☞ • **Bei vollständiger Ausatmung unter Wasser!**	*1*
Maximum der Punktbewertung	**5**

! ***Die Beobachtungsergebnisse können mit Hilfe der Punktbewertung registriert und gruppenspezifische sowie individuelle, technikspezifische Mängel besser analysiert werden.***

Tips zur gedanklichen Technikorientierung

☞ Anschlag

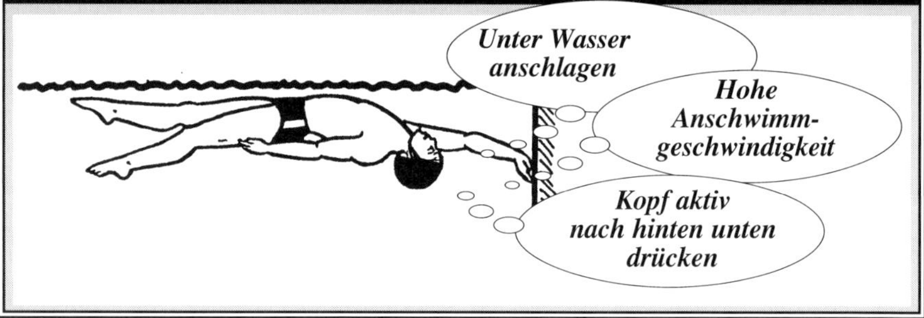

☞ Drehung

☞ Abstoß/Übergang in die Schwimmbewegung

C: Lernabfolge - tiefe Rückenwende

In der folgenden Übersicht werden für den Rückenstart Hinweise für die inhaltliche Gestaltung der einzelnen Lernschritte angeboten.

Beachte:
Die numerierte Lernabfolge ist beizubehalten!

➤ Die Reihung der **Teilanforderungen** kann der gruppentypischen Situation angepaßt und variiert werden.

☞ **Zahlreiche Tips** für den Trainer sollen die Trainingspraxis unterstützen. Für das zielgerichtete Lerntraining können zur weiteren Qualifizierung der Schwimmtechnik spezielle Übungsformen im ● Wasser- bzw. ❍ Landtraining angewendet und durch den Trainer weiterentwickelt werden.

Lernabfolge mit Fixierung der Technikmerkmale
Tiefe Rückenwende

Technikmerkmal
Spezielle Übungen beim ● Wasser- ❍ Landtraining
☞ Tips für den Trainer

Anschwimmen - Anschlag

1.

➤ **Anschwimmen mit Vororientierung.**

● Ca. 12 m vor der Wand schnell anschwimmen mit Zählen der Züge bis zum Anschlag.

● Schnelles Anschwimmen und ab den Begrenzungsfähnchen (5 m) die Züge zählen bis zum Anschlag.

☞ **Anschwimmtempo muß Wettkampftempo entsprechen!**

➤ **Anschwimmen - Vorbereitung der Drehung.**

Anschlag bzw. - wie hier - Festhalten an der Haltestange zur Einleitung der Drehung.

● Ca. 12 m vor der Wand schnelles Anschwimmen ➡ Anschlag mit der Hand unter Wasser und gleichzeitig den Kopf aktiv nach hinten unten drücken.

☞ **Spielerische Übungsformen wie Rolle r.w. aus dem gestreckten Arm mit betontem, aktiven Kopfeinsatz!**

● (12 m) anschwimmen ➡ Anschlag ➡ Kopfsteuerung und „Bogenspannung" des Körpers.

❍ *Übungen zur Verbesserung der koordinativen Voraussetzungen wie z.B. der **Kopplungs-** und **Orientierungsfähigkeit.***

❍ *Verbesserung der **Schulterbeweglichkeit.***

Anschlag - Drehung

2.

➤ **Anschlag in Verbindung mit dem Schwingen der Beine über Wasser.**

- (12 m) schnelles Anschwimmen ➠ Anschlag mit Kopfsteuerung und explosives Schwingen der Beine über Wasser zur Wand.

❍ *Übungen zur Kräftigung der* ***Bauchmuskulatur.***

- (12 m) anschwimmen ➠ Anschlag ➠ Kopfsteuerung ➠ Beine zur Wand mit sicherer Abstoßstellung der Beine an der Wand ➠ kräftiger Abdruck der Anschlaghand von der Wand zur Unterstützung des explosiven Schwingens der Beine.

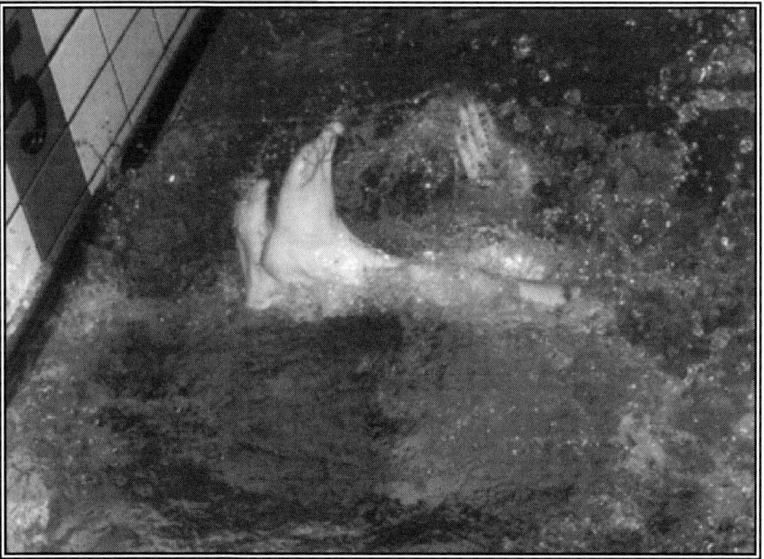

Explosives Schwingen der Beine über Wasser zur Wand

Abstoß - Übergang in die Schwimmbewegung

3.

➤ **Aus der Drehbewegung in den Abstoß.**

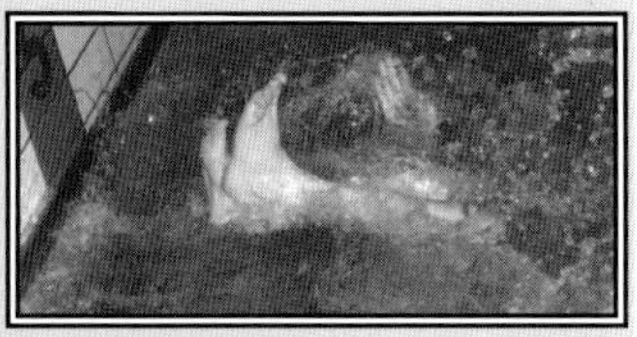

Explosives Schwingen der Beine über Wasser zur Wand

- 15 m schnelles Anschwimmen ➠ explosiver Drehung ➠ sicherer Halt der Füße und kraftvoller Abstoß.

☞ **Abstoß mit gut gestreckten Armen und Kopf dazwischen!**

➤ **Abstoß gleiten.**

- Kraftvoller Abstoß unter Wasser mit anschließendem Gleiten.

☞ **Körperstreckung und -spannung!**

❍ *Übungen zur Entwicklung und Verbesserung der **Sprungkraft.***

➤ **Kopf- und Armsteuerung beim Übergang in die Schwimmbewegung.**

- 5 m schnelles Anschwimmen ➠ Drehung ➠ sicherer Halt der Füße an der Wand ➠ kraftvoller Abstoß ➠ kurze Gleitphase bei völliger Körperstreckung ➠ Beginn der kräftigen Rückenbeinbewegung ➠ mit den Händen und dem Kopf allmählich den Körper zur Wasseroberfläche lenken bei gut gestreckter Körperlage.

➤ **Abstoß - gleiten - Ausatmung.**

- 5 m schnelles Anschwimmen ➠ explosive Drehung ➠ kraftvoller Abstoß ➠ kurze Gleitphase ➠ intensive Rückenbeinbewegung unter Wasser bis ca. 5 m ➠ bei gleichmäßiger, vollständiger Ausatmung.

➤ **Übergang in die Gesamtbewegung.**

- (5 m) Anschwimmen ➠ Drehung ➠ Abstoß ➠ kurzes Gleiten ➠ kraftvolle und schnelle Rückenbeinbewegung (6-8 Schläge) und drei Züge Gesamtbewegung bei gutem Krafteinsatz.

Tips zum Technik-Lerntraining

A: Standard-Rückenwende

✓ **Übungsdauer:** ±15 Minuten
✓ **Anzahl der Wiederholungen:** 8-12 x
✓ **Streckenumfang:** 100-150 m (richtet sich nach Bedarf und Gruppenstärke)
✓ **Aktive Pause:** 1 bis 3 Minuten (mit Lockerschwimmen)
✓ **Intensität:** Technikanforderung im Wettkampftempo!
✓ **SK:** Entspanntes, lockeres Pausenschwimmen mit regelmäßigem Atmen!

Belastungsdauer: ±15"	Abschnitt I	Technikanforderung in maximaler Schnelligkeit (Sprint)
Intensität:	Abschnitt I Abschnitt II Abschnitt III Idee:	= schnell = langsam Schwimmkombination • In der Rückenlage Armbewegung im Gleichschlag mit Brustbeinbewegung

● ***10-12 m anschwimmen (Wettkampftempo!) mit dem höchsten Tempo von und zurück bis zur Flaggenbegrenzung (5 m + 5 m) ➡ Wende ➡ Übergang zur Schwimmbewegung bis 12 m. [Stop] ➡ Trainer gibt (kurzgefaßte) Technikhinweise und ➡ danach lockeres Schwimmen (Schwimmkombination).***

Test: Derselbe Übungsablauf wie o.g. Lerntraining. Es wird die Zeit genommen: 5 m vor der Wendenwand bis 5 m danach. Die Zeitmessung erfolgt mit „Kopfdurchlauf" unter der Markierung. ***„Wer ist der beste Wendenschwimmer?"***

Idee: Aus dem Abstoß in der Rückenlage wird so weit wie möglich mit schnellkräftigen Rückenbeinbewegungen unter der Wasseroberfläche (nicht tauchen!) geschwommen.

Beachte: Bis maximal 12,5 m RB unter Wasser, da das Wettkampfreglement nur bis 15 m zuläßt!

• Auf gute Körperstreckung achten! • Auf Kopf- und Armsteuerung achten! • Gleichmäßige Ausatmung unter Wasser!

Das Wende-Techniktraining in der Mitte der Bahn und nicht im „Rechtsverkehr" üben!

Empfehlung zur Organisation

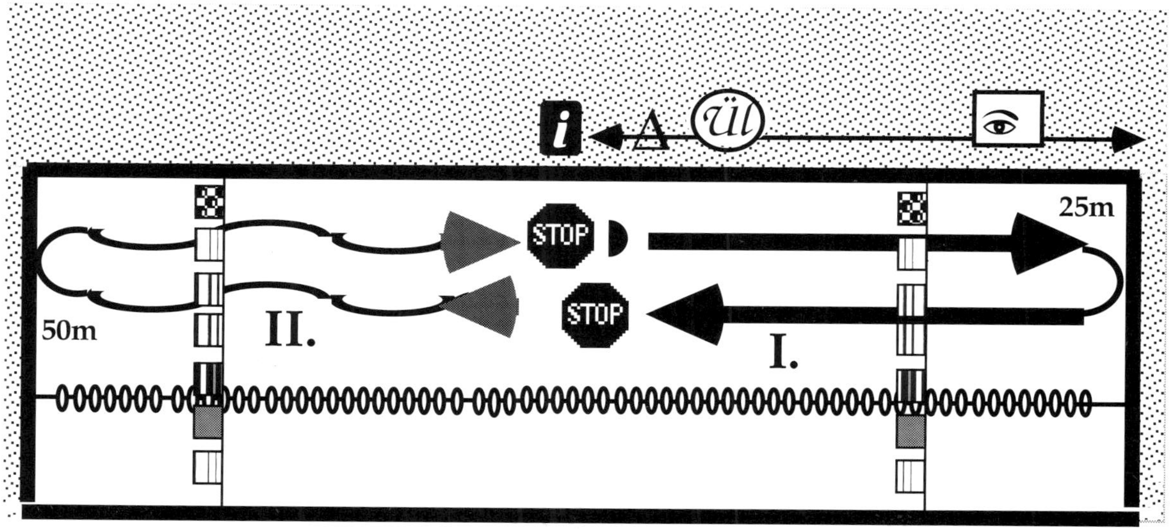

LEGENDE:

- *i* Informationsgebung durch den Übungsleiter am Beginn und Ende des Technikabschnittes
- ÜL Übungsleiter/ Trainer (T)/ Lehrer (L)
- ÜL Standort und
- Beobachtungsbereich des ÜL/T/L
- Begrenzungsfähnchen (5 m vor der Wand)
- 0000 Schwimmleine
- Δ Streckenmarkierung
- STOP Sportler hält an für Informationshinweise vom ÜL/T/L
- ● I. Abschnitt
- ≈▸ II. Abschnitt

ß: Kombination - Abstoß + Wende

- ✓ **Übungsdauer:** ±15 Minuten
- ✓ **Anzahl der Wiederholungen:** 6-8 x
- ✓ **Streckenumfang:** 100-300 m (richtet sich nach Bedarf und Gruppenstärke)
- ✓ **Aktive Pause:** 2 bis 3 Minuten (mit Lockerschwimmen)
- ✓ **Intensität:** Technikanforderung im Wettkampftempo!
- ✓ **SK:** Entspanntes, lockeres Pausenschwimmen mit regelmäßigem Atmen!

Belastungsdauer: ±10“	Abschnitt I + III	Technikanforderung in maximaler Schnelligkeit (Sprint)
Intensität:	 Abschnitt II + IV **Idee:**	I. + III. Abschnitt = schnell II. + IV. Abschnitt = langsam Schwimmkombination als Lockerschwimmen • In der Rückenlage Armbewegung im Gleichschlag mit Brustbeinbewegung

- ***I. Abschnitt: Aus der Ausgangsstellung → kraftvoller Abstoß unter Wasser auf Kommando → kurze Gleitphase → schnellkräftige Beinbewegung unter Wasser → Beginn der Gesamtbewegung beim Auftauchen → hohes Tempo beim Rückenschwimmen bis zur festgelegten Markierung → [Stop] → Fortsetzung des Schwimmens in SK (Abschnitt II). Gleiten mit bewußter Kopf- und Armsteuerung; Übergang in die Beinbewegung bis mindestens 6 m (unter den Begrenzungsfähnchen durchschwimmen) bis 12,5 m; Übergang in die Gesamtbewegung bis etwa 15 m → [Stop] → Technikhinweise!***

Beachte: Bis maximal 12,5 m RB unter Wasser, da das Wettkampfreglement „nur“ bis 15 m zuläßt!

• Gute Körperstreckung! • Kopf- und Armsteuerung beachten.

• Gleichmäßige Ausatmung unter Wasser!

Für die Aufgabenstellung des Abstoßes maximal einen gruppenspezifischen Technikhinweis geben! Ein bekräftigender Lern-/Merkeffekt kann mit parallelem Technikhinweis für den Wendenabschnitt erreicht werden, z.B.: ***„Auf den kraftvollen Abstoß achten“ u.ä.!***

- ***II. Abschnitt: Lockerschwimmen in Schwimmkombination (SK) bis zur angegebenen folgenden Markierung → [Stop], Kommando oder Technikanweisung abwarten!***
- ***III. Abschnitt: 8-10 m im Wettkampftempo anschwimmen → Vororientierung (Flaggenbegrenzung) → schnellkräftige Wende → kurzes Gleiten → Beinbewegung → Gesamtbewegung bis etwa 12,5 m → [Stop]: Technikhinweise!***
- ***IV. Abschnitt: Erneutes Lockerschwimmen in SK bis zur folgenden Markierung → [Stop]: Technikanweisung für fortzusetzenden Abschnitt I. → Abstoß.***

Empfehlung zur Organisation

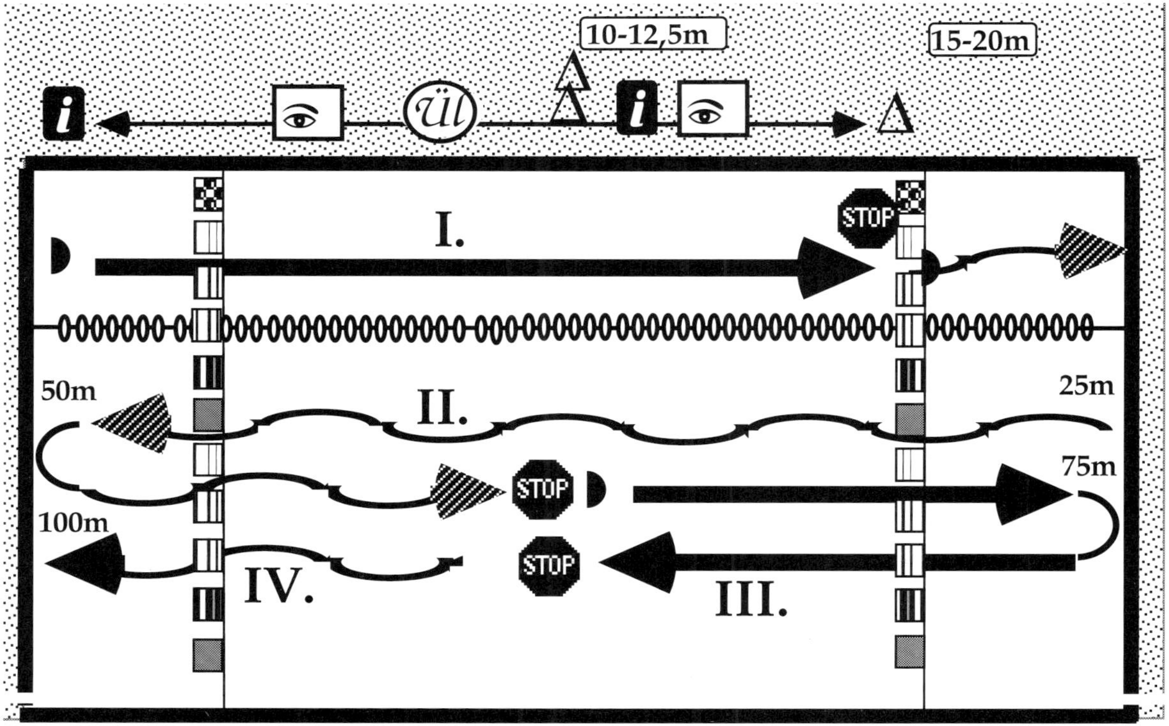

LEGENDE:

- *i* Informationsgebung durch den Übungsleiter am Beginn und Ende des Technikabschnittes
- *ÜL* Übungsleiter/ Trainer (T)/ Lehrer (L)
- *ÜL* Standort und
- Beobachtungsbereich des ÜL/T/L
- Begrenzungsfähnchen (5 m vor der Wand)
- 0000 Schwimmleine
- Δ Streckenmarkierung
- STOP Sportler hält an für Informationshinweise vom ÜL/T/L
- I. Abschnitt
- II. Abschnitt

C: Kombination Starts - Wenden - Anschlag

- ✓ **Übungsdauer:** ±30 Minuten
- ✓ **Anzahl der Wiederholungen:** 4-6 x
- ✓ **Streckenumfang:** 150-200 m
- ✓ **Aktive Pause:** 2 bis 3 Minuten (mit Lockerschwimmen)

Belastungsdauer: ±10"	Abschnitt I + III + V	Technikanforderung in maximaler Schnelligkeit (Sprint)
Intensität:	Abschnitt II + IV	Schwimmkombination **Idee:** In der Rückenlage Armbewegung im Gleichschlag mit Brustbeinbewegung. I. + III. + V. Abschnitt = schnell II. + IV. Abschnitt = langsam

- ***I. Abschnitt: Aus der Ausgangsstellung → kraftvoller Absprung auf Kommando → Flugphase → kurze Gleitphase → schnellkräftige Beinbewegung unter Wasser (8-12 m) → Beginn der Gesamtbewegung, mit hohem Tempo fortsetzen bis zur festgelegten Markierung (ca. 15 m) → [Stop] Informationshinweise vom ÜL/T/L.***
- ***II. Abschnitt: Lockerschwimmen bis zur folgenden festgelegten Markierung → [Stop] (eine) Technikanweisung für den folgenden Wendenabschnitt.***
- ***III. Abschnitt: Auf Kommando die Wendenwand in hohem Tempo anschwimmen → Wende → Übergang zur Schwimmbewegung bis zur festgelegten Markierung (ca. 10 m) → [Stop] (kurzgefaßte) Informationshinweise.***
- ***IV. Abschnitt: Lockerschwimmen bis zur folgenden festgelegten Markierung (ca. 10 m vor Wand) → [Stop] Kommando vom ÜL/T/L.***
- ***V. Abschnitt: Anschwimmen zum Anschlag in hohem Tempo → Vororientierung (Flaggenbegrenzung) ohne Abbremsen oder Tempoverlust schnellkräftig an die Wand anschlagen.***

Markierungshilfe zur Organisation des Trainings

☞ Vororientierung (Flaggenbegrenzung ohne Abbremsen oder Tempoverlust schnellkräftig an die Wand anschlagen.

☞ Bassin verlassen bzw. Wand freihalten für die folgenden Sportler.

Hinweise zum technikorientierten Lerntraining nur auf eine Bewegungsaufgabe beschränken!

Empfehlung zur Organisation

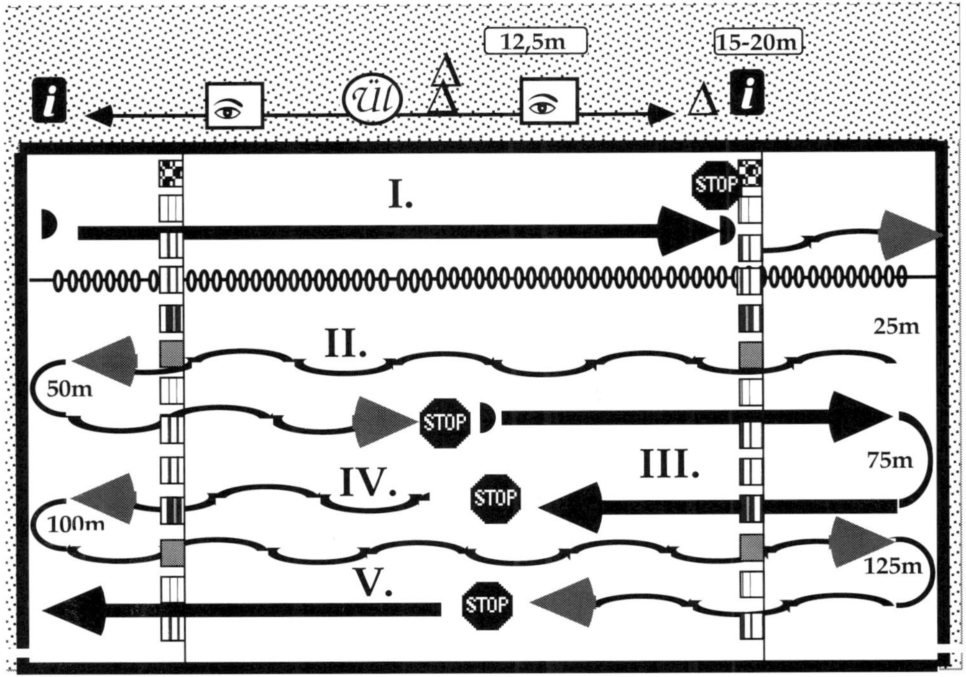

LEGENDE:

i Informationsgebung durch den Übungsleiter am Beginn und Ende des Technikabschnittes

ÜL Übungsleiter/ Trainer (T)/ Lehrer (L)

ÜL Standort und

Beobachtungsbereich des ÜL/T/L

Begrenzungsfähnchen (5 m vor der Wand)

0000 Schwimmleine

Δ Streckenmarkierung

STOP Sportler hält an für Informationshinweise vom ÜL/T/L

●▶ I. Abschnitt

≈▶ II. Abschnitt

Der Lern-/Merkeffekt kann mit parallelen Technikhinweisen erhöht werden wie z.B.:

✓ **„Schnellkräftiger Beinschlag (nach dem Startsprung/Wende) zur Erhöhung des Schwimmtempos!"**
✓ **„Besonders betonter Beinschlag bis zum Anschlag!"**

☞ Gruppenspezifische Technikhinweise geben!

☞ Das Start - Wende - Anschlag - Techniktraining in der Mitte der Bahn und nicht im „Rechtsverkehr" üben!

Wettkampfvorbereitung:

- Diese e.g. Kombination ist neben dem Techniktraining auch zur ***unmittelbaren Wettkampfvorbereitung (einschwimmen) geeignet.***

- Die erforderlichen ***Technikhinweise*** sollten hierbei ***positiv orientiert zur motivationalen Unterstützung*** gegeben werden.

☞• **Individuell, auf die Sportlerpersönlichkeit bezogene Hinweise geben!**

2.5 Neue Rückenrollwende

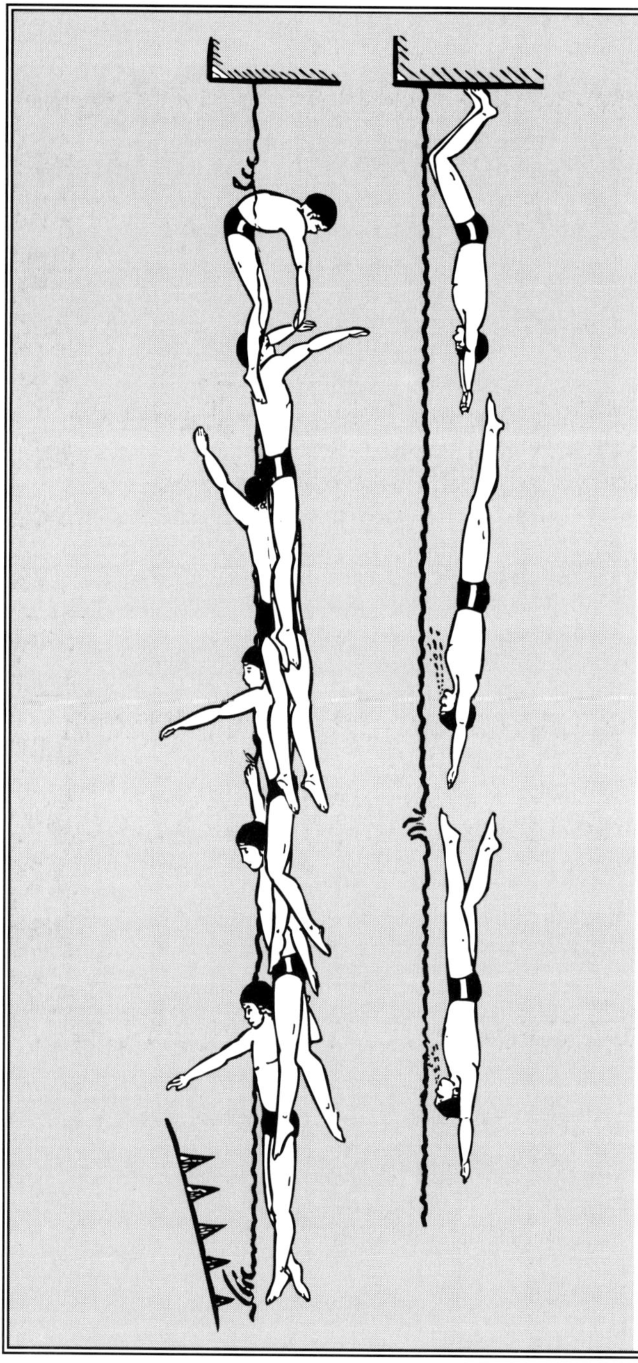

Aufgabenstellung:

Richtungsumkehr an der Wendenwand mit einer Wendengeschwindigkeit, die größer als die Schwimmgeschwindigkeit sein muß!

A: Technikschwerpunkte - Rückenrollwende mit Doppelarmzug

Anschwimmen

- Vororientierung an den Markierungsfähnchen.
- Anschwimmen in hoher Geschwindigkeit mit Zählen der Züge zur Vorbereitung der Drehung.

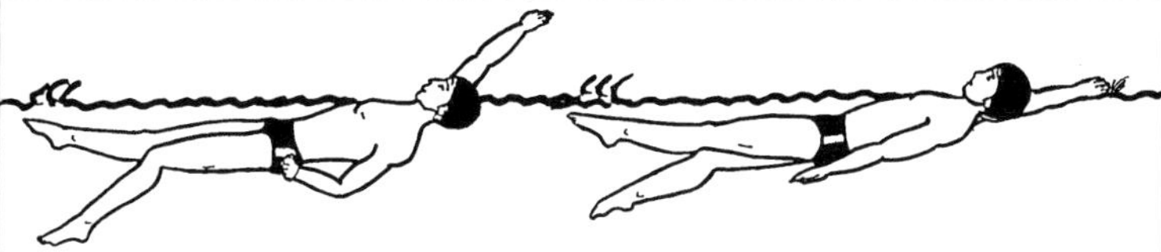

Einleitung der Rollwende

- Etwa 2-3 m vor der Wand bleibt ein Arm vor dem Kopf in Rückenlage lang gestreckt liegen.

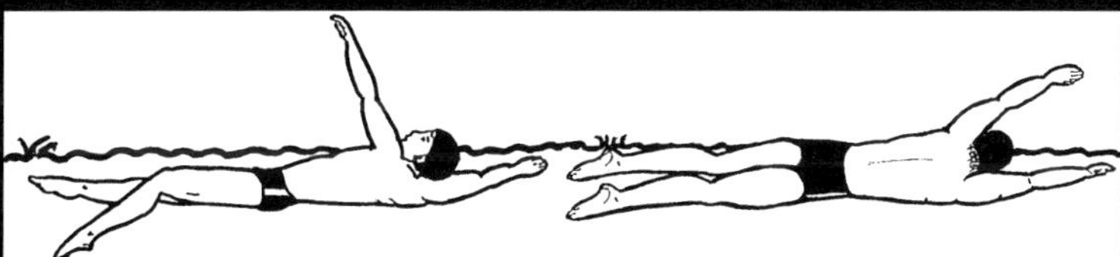

- Der andere Arm wird ohne Rhythmusunterbrechung über Wasser geschwungen mit gleichzeitigem Drehen um die Körperlängsachse in die Brustlage.
- Dabei wird eingeatmet.

Einleitung der Drehung mit Doppelarmzug

- Beide Hände ziehen gleichzeitig, kräftig und lang nach hinten bis zum Oberschenkel.
- Ohne Einsatz der Beinbewegung.

- Der Kopf bleibt an der Wasseroberfläche, im letzten Drittel des Doppelarmzuges werden Kopf und Schulter kräftig nach unten gedrückt.
- Hat der Kopf die tiefste Stelle erreicht, erst dann werden die Beine explosiv über Wasser zur Wand geschwungen.

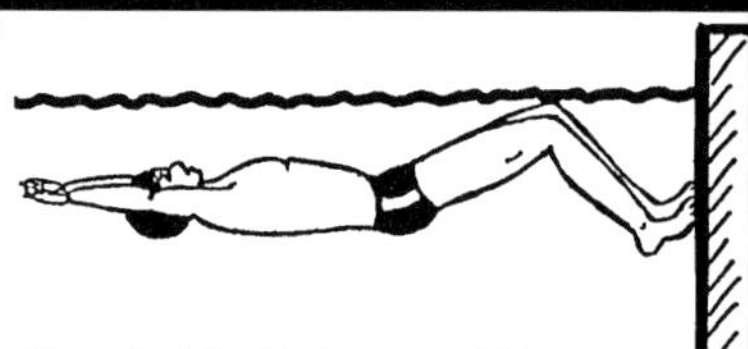

Abstoß

- Einnehmen einer sicheren Abstoßstellung beider Füße unter Wasser an der Wand (40-50cm tief).
- Beide Arme werden vor dem Körper gut gestreckt, der Kopf liegt dazwischen.

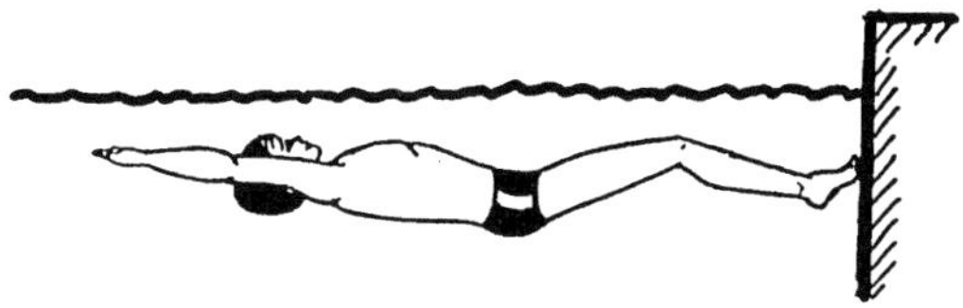

• Schnellkräftiger Abstoß bis zur vollständigen Körperstreckung.

Gleitphase
• Kurze Gleitphase bei völliger Körperstreckung.
• Kopf und Hände steuern allmählich den Körper zur Wasseroberfläche.
• Beginn der gleichmäßigen Ausatmung.

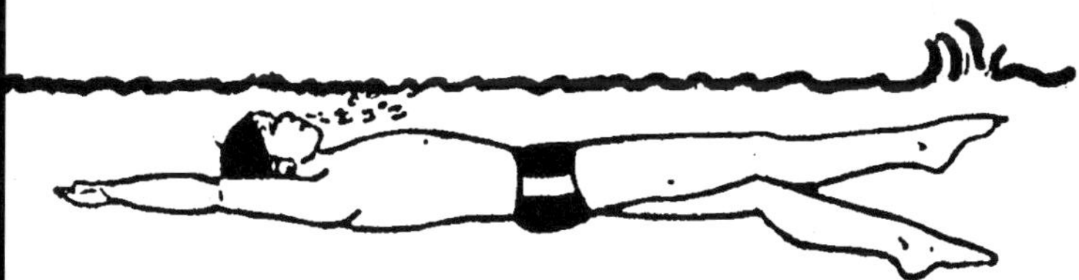

Übergang Schwimmbewegung
• Zuerst erfolgt der schnellkräftige Einsatz der Beinbewegung.
• Mit Fortsetzung der gleichmäßigen Ausatmung, bis zur vollständigen Ausatmung.
• Beginn der ersten Armbewegung, wenn der Kopf die Wasseroberfläche erreicht hat, kein Doppelarmzug!
• Ein Arm bleibt in Rückenlage vorgestreckt liegen, der andere wird über Wasser nach vorn ins Wasser geschwungen mit der vollständigen Drehung des Körpers in Brustlage.
• Dabei wird eingeatmet.

B: Grundanforderungen - neue Rückenrollwende

Zur Erfassung der Güte der Bewegungsausführung bei der neuen Rückenrollwende sind die folgenden, ausgewählten Bewegungsmerkmale zu beachten:

Grundanforderungen – neue Rückenrollwende mit Doppelarmzug	
Bewegungsmerkmal	Punkte
1. Anschwimmen	
Vororientierung und anschwimmen mit voller Geschwindigkeit. ☞ • **Anschwimmen ohne Abbremsen oder Angleiten!**	1
2. Einleitung der Wende und Drehung	
In einem optimalen Abstand zur Wand wird ohne Rhythmusunterbrechung der Doppelarmzug eingeleitet. ☞ • **Beide Arme ziehen gleichzeitig und kräftig bis zum Oberschenkel ohne Einsatz der Beinbewegung.**	1
Drehung über die Schulter.	1
3. Abstoß + Übergang in die Schwimmbewegung	
Schnellkräftiger Abstoß horizontal unter Wasser bis zur Körperstreckung. ☞ • **Kopf ist zwischen den Armen!**	1
Nach kurzer Gleitphase erfolgt zuerst der Einsatz intensiver Beinbewegung, danach die Gesamtbewegung. ☞ • **Vollständige Ausatmung unter Wasser!**	1
Maximum der Punktbewertung	**5**

! ***Die Beobachtungsergebnisse können mit Hilfe der Punktbewertung registriert und gruppenspezifische sowie individuelle, technikspezifische Mängel besser analysiert werden.***

Tips zur gedanklichen Technikorientierung

☞ *Anschwimmen*

Hohe Anschwimm-geschwindigkeit

Züge zählen ab den Fähnchen bzw. der Markierung

Einleitung des Doppelarmzugs mit Drehung in die Brustlage

☞ *Drehung*

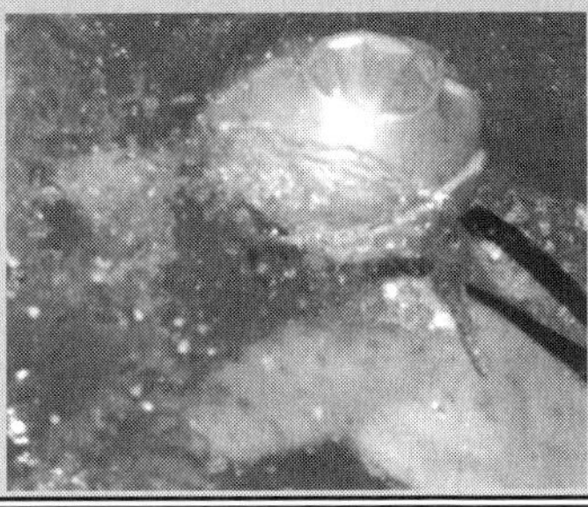

Kopf bleibt an der Wasseroberfläche beim Doppelarmzug

Am Ende des Doppelarmzuges Kopf und Schulter kräftig nach unten drücken

Danach Beine explosiv über Wasser zur Wand schwingen

☞ *Abstoß/Übergang in die Schwimmbewegung*

Beinbewegung unter Wasser
• Ausatmung

Kraftvoller Einsatz der Arme an der Wasseroberfläche

Schnellkräftiger Abstoß mit explosiver Körperstreckung

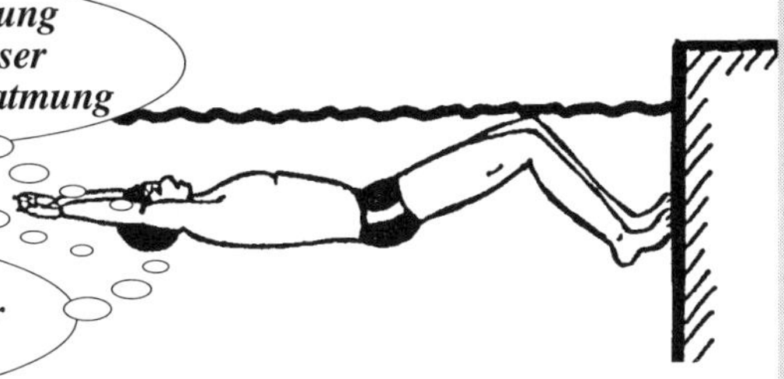

C: Lernabfolge neue Rückenrollwende

In der folgenden Übersicht werden für die neue Rückenrollwende mit Doppelarmzug Hinweise für die inhaltliche Gestaltung der einzelnen Lernschritte angeboten.

Beachte:
Die numerierte Lernabfolge ist beizubehalten!

➤ Die Reihung der Teilanforderungen kann der gruppentypischen Situation angepaßt und variiert werden.

☞ **Zahlreiche Tips** für den Trainer sollen die Trainingspraxis unterstützen. Für das zielgerichtete Lerntraining können zur weiteren Qualifizierung der Schwimmtechnik spezielle Übungsformen im ● Wasser- bzw. ❍ Landtraining angewendet und durch den Trainer weiterentwickelt werden.

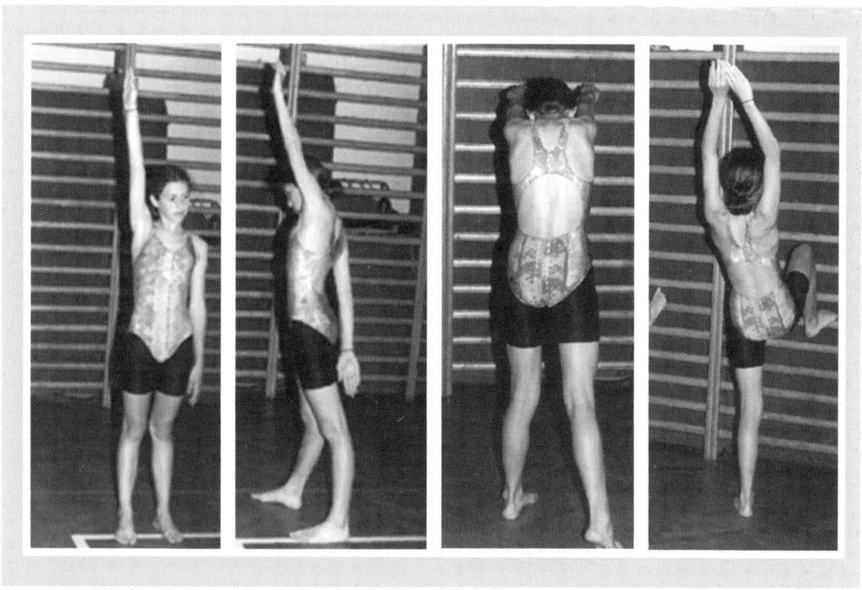

Imitationsübung zur Schulung der neuen Rückenrollwende

Lernabfolge mit Fixierung der Technikmerkmale
Neue Rückenrollwende mit Doppelarmzug

Technikmerkmal

Spezielle Übungen beim ● Wasser- ❍ Landtraining

☞ Tips für den Trainer

Anschwimmen

1.

➤ **Anschwimmen mit Vororientierung.**

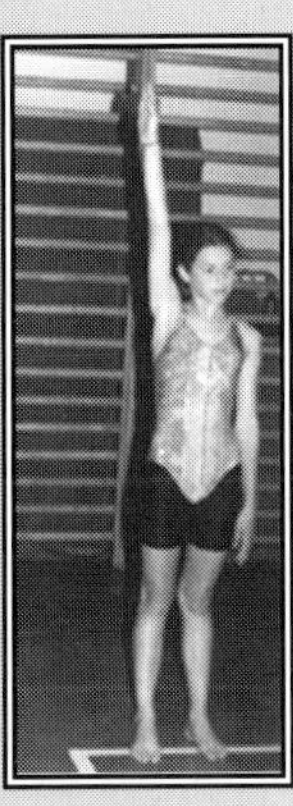

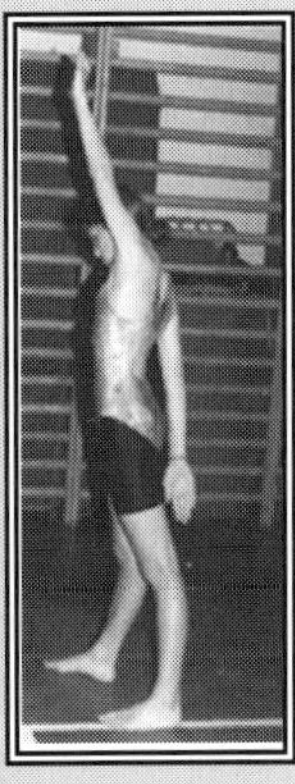

Imitationsübung: Drehen aus der „Rückenlage in die Brustlage“

● Ca. 10-12 m vor der Wand schnell anschwimmen, das Anschwimmtempo muß dem Wettkampftempo entsprechen ➡ Zählen der Züge ab den Begrenzungsfähnchen. ➡ Nach festgelegter Zugzahl einen Arm hinter dem Kopf lang gestreckt liegenlassen ➡ In dieser Position mit kräftiger Rückenbeinbewegung an die Wand schwimmen.

☞ **Nicht abbremsen oder angleiten!**

● Ca. 10-12 m vor der Wand im Wettkampftempo anschwimmen ➡ Zählen der Züge ab den Begrenzungsfähnchen ➡ 3 m vor der Wand (Markierung sichtbar machen) bleibt ein Arm vor dem Kopf in Rückenlage lang gestreckt liegen ➡ Der andere Arm wird ohne Rhythmusunterbrechung über Wasser geschwungen mit gleichzeitigem Drehen um die Körperlängsachse in die Brustlage ➡ Dabei wird eingeatmet ➡ Beide Hände ziehen gleichzeitig, kräftig und lang nach hinten bis zum Oberschenkel ohne Einsatz der Beinbewegung ➡ Der Kopf bleibt an der Wasseroberfläche ➡ In dieser Position an die Wand kraftvoll (ohne Einsatz der Beinbewegung) heranziehen.

☞ **Kopf bleibt oben!**

☞ **Einatmung mit der Drehung in die Körperlängsachse beachten!**

❍ ***Imitationsübungen*** *an Land zur Vorbereitung des Bewegungsablaufes.*

Anschwimmen - Drehung

2.

➤ **Anschwimmen und Drehung.**

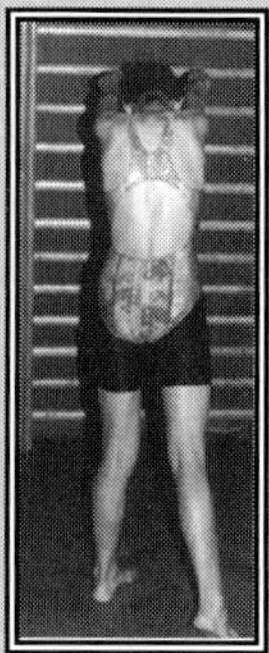

Imitationsübung des Doppelarmzuges

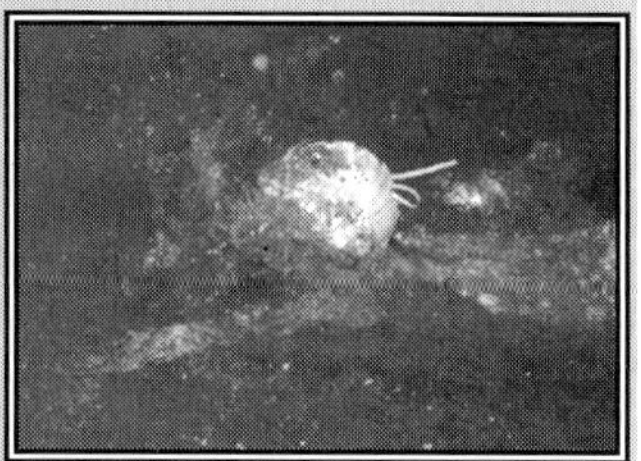

Kopf bleibt oben!

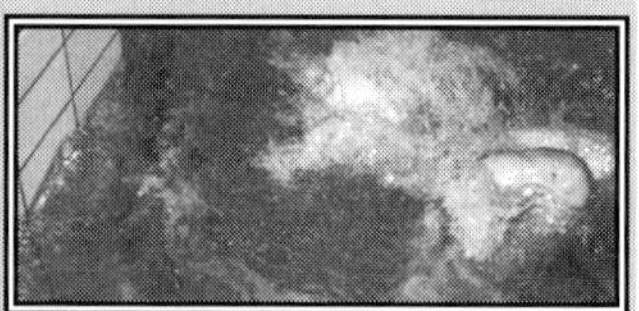

Die Beine explosiv über Wasser zur Wand schwingen.

● ➥ O.g. Übung 8-12 m vor der Wand im Wettkampftempo anschwimmen ➡ Züge zählen. ➡ 2-3 m vor der Wand ohne Rhythmusunterbrechung den Doppelarmzug einleiten ➡ Mit gleichzeitigem Drehen um die Körperlängsachse in die Brustlage ➡ Dabei wird eingeatmet ➡ Kräftiger und lang nach hinten gezogener Doppelarmzug bis zum Oberschenkel ohne Einsatz der Beinbewegung. ➡ Im letzten Drittel des Doppelarmzuges Kopf und Schulter kräftig nach unten drücken ➡ Wenn der Kopf die tiefste Stelle erreicht hat ➡ Erst dann die Beine explosiv über Wasser zur Wand schwingen ➡ Einnehmen einer sicheren Abstoßstellung beider Füße unter Wasser an der Wand ➡ Abstoß und Gleiten in der Körperstrecklage.

☞ **Nicht zu dicht an die Wand ziehen!**

☞ **Kopf- und Schultereinsatz im richtigen Moment einsetzen!**

❍ *Übungen zur Verbesserung und Kräftigung der* ***Bauchmuskulatur.***

❍ *Übungen zur Verbesserung der koordinativen Voraussetzungen wie z.B. der* ***Kopplungs-*** *und* ***Orientierungsfähigkeit.***

Abstoß

3.

➤ **Anschlag in Verbindung mit Schwingen der Beine über Wasser.**

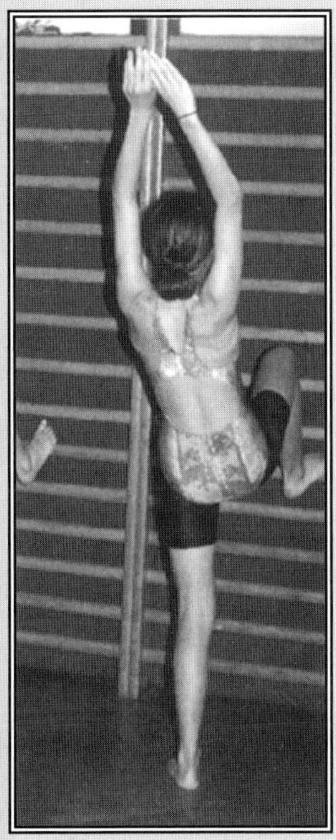

- ➥ O.g. Übung 8-12 m vor der Wand im Wettkampftempo anschwimmen ➠ Schnelles Anschwimmen mit explosiver Drehung ➠ Sicherer Halt der Füße und kraftvoller Abstoß ➠ Abstoß mit gut gestreckten Armen und Kopf dazwischen ➠ Ausgleiten bei völliger Körperstrekkung.

☞ **Sichere Abstoßstellung der Beine an der Wand!**

☞ **Schnellkräftiger Abstoß!**

Abstoß - Übergang in die Schwimmbewegung

4.

➤ **Abstoß - Gleiten.**

Übung zur Entwicklung und Verbesserung der Sprungkraft!

● ➥ O.g. Übung 8-10 m vor der Wand im Wettkampftempo anschwimmen ➡ Schnelles Anschwimmen mit explosiver Drehung ➡ Sicherer Halt der Füße mit kraftvollem Abstoß ➡ Abstoß mit gut gestreckten Armen und Kopf dazwischen ➡ Ausgleiten bei völliger Körperstrekkung.

❍ *Übungen zur Entwicklung und Verbesserung der* ***Sprungkraft!***

➤ **Kopf- und Armsteuerung beim Übergang in die Schwimmbewegung.**

Beginn der kräftigen Rückenbeinbewegung

● ➥ O.g. Übung mit 8-10 m vor der Wand im Wettkampftempo anschwimmen ➡ Drehung ➡ Abstoß ➡ Kurze Gleitphase ➡ Beginn der kräftigen Rückenbeinbewegung ➡ Mit den Händen und Kopf allmählich den Körper zur Wasseroberfläche lenken bei gut gestreckter Körperlage ➡ Gleichmäßige Ausatmung ➡ Schnellkräftige Beinbewegung unter Wasser bis etwa 8 m.

☞ **Ausatmung unter Wasser!**

➤ **Übergang in die Schwimmbewegung.**

Drei Züge Gesamtbewegung bei gutem Krafteinsatz

● ➥ O.g. Übung 8-10 m vor der Wand im Wettkampftempo anschwimmen ➡ Drehung ➡ Abstoß ➡ Kurze Gleitphase ➡ Beginn der kräftigen Rückenbeinbewegung ➡ Mit den Händen und Kopf allmählich den Körper zur Wasseroberfläche lenken bei gut gestreckter Körperlage ➡ Gleichmäßige Ausatmung ➡ Schnellkräftige Beinbewegung unter Wasser bis etwa 5 m ➡ Drei Züge Gesamtbewegung bei gutem Krafteinsatz.

„Ist es denn noch nicht gut genug?“

Tips zum Technik-Lerntraining

A: Standard-Rückenrollwende

✓ **Übungsdauer:**	±15 Minuten
✓ **Anzahl der Wiederholungen:**	8-12 x
✓ **Streckenumfang:**	100-150 m (richtet sich nach der Anforderung und Gruppenstärke)
✓ **Aktive Pause:**	1 bis 3 Minuten (mit Lockerschwimmen)
✓ **Intensität:**	Technikanforderung im Wettkampftempo!
✓ **SK:**	Entspanntes, lockeres Pausenschwimmen mit regelmäßigem Atmen!

Belastungsdauer: ±15"	Abschnitt I	Technikanforderung in maximaler Schnelligkeit (Sprint)
Intensität:	Abschnitt I Abschnitt II *Idee:*	 Schwimmkombination • In der Rückenlage Armbewegung im Gleichschlag mit Brustbeinbewegung I. Abschnitt = schnell II Abschnitt = langsam

☞ ***1. Lernschritt:***

I. Abschnitt: 10-12 m anschwimmen (Wettkampftempo!) mit dem höchsten Tempo bis zur Einleitung des Abstoßes ➠ [Stop]. Trainer gibt (kurzgefaßte) Technikhinweise.

II. Abschnitt: Lockerschwimmen in Schwimmkombination (SK) zurück zur Begrenzung bis 12 m. ➠ [Stop], Kommando oder Technikanweisung abwarten!

☞ ***2. Lernschritt:***

I. Abschnitt: 8-10 m anschwimmen (Wettkampftempo!) ➠ Vororientierung ➠ Drehung ➠ Abstoß ➠ Gleiten in guter Strecklage ➠ [Stop]. Trainer gibt (kurzgefaßte) Technikhinweise.

II. Abschnitt: Lockerschwimmen in Schwimmkombination (SK) zurück zur Begrenzung bis 10 m. ➠ [Stop], Kommando oder Technikanweisung abwarten!

Empfehlung zur Organisation

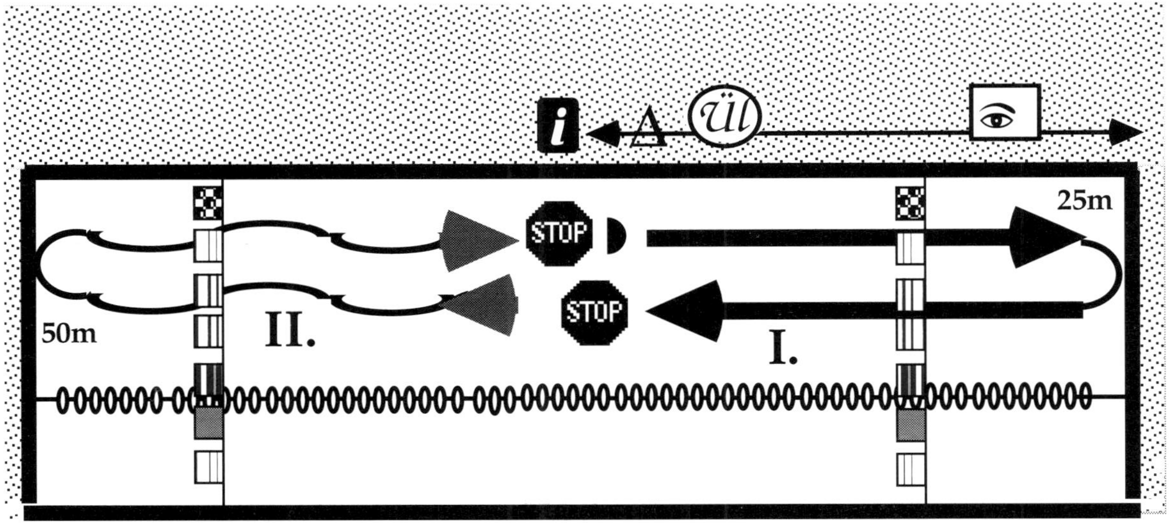

LEGENDE:

- *i* Informationsgebung durch den Übungsleiter am Beginn und Ende des Technikabschnittes
- Ül Übungsleiter/ Trainer (T)/ Lehrer (L)
- Ül Standort und
- Beobachtungsbereich des ÜL/T/L
- Begrenzungsfähnchen (5 m vor der Wand)
- 0000 Schwimmleine
- Δ Streckenmarkierung
- STOP Sportler hält an für Informationshinweise vom ÜL/T/L
- I. Abschnitt
- II. Abschnitt

☞ ***3. Lernschritt:***

I. Abschnitt: 8-10 m anschwimmen (Wettkampftempo!) ➡ Vororientierung ➡ Drehung ➡ Abstoß ➡ kurzes Gleiten in guter Strecklage ➡ Übergang zur Rückenbeinbewegung bis 8 m unter Wasser ➡ [Stop]. Trainer gibt (kurzgefaßte) Technikhinweise.

II. Abschnitt: Lockerschwimmen in Schwimmkombination (SK) zurück zur Begrenzung bis 10 m. ➡ [Stop], Kommando oder Technikanweisung abwarten!

☞ ***4. Lernschritt:***

I. Abschnitt: 8-10m anschwimmen (Wettkampftempo!) ➡ Vororientierung ➡ Drehung ➡ Abstoß ➡ kurzes Gleiten ➡ Rückenbeinbewegung bis 6 m unter Wasser ➡ Übergang zur Gesamtbewegung zurück zur Begrenzung ➡ [Stop]. Trainer gibt (kurzgefaßte) Technikhinweise.

II. Abschnitt: Lockerschwimmen in Schwimmkombination (SK) 25-50 m (richtet sich nach der Anforderung und Gruppenstärke) zurück zur Begrenzung ➡ [Stop]. Kommando oder Technikanweisung abwarten!

Beachte: In den den Technik-Lerntrainingseinheiten sollten die Lernschritte 1 bis 4 einzeln geübt und erst bei guter Beherrschung der Technikanforderung die darauf folgende Lernstufe aufgebaut werden.

Beachte: Bis maximal 12,5 m RB unter Wasser, da das Wettkampfreglement nur bis 15 m zuläßt!

- **Auf gute Körperstreckung achten!**
- **Auf Kopf- und Armsteuerung achten!**
- **Gleichmäßige Ausatmung unter Wasser!**

Das Wende-Techniktraining in der Mitte der Bahn und nicht im „Rechtsverkehr“ üben!

Tips zum Technik-Lerntraining

B: Kombination Wende - Anschlag

- ✓ **Übungsdauer:** ±15 Minuten
- ✓ **Anzahl der Wiederholungen:** 4-6 x
- ✓ **Streckenumfang:** 100-150 m
- ✓ **Aktive Pause:** 1 bis 2 Minuten (mit Lockerschwimmen)

Belastungsdauer: ±15"	Abschnitt I + III	Technikanforderung in maximaler Schnelligkeit (Sprint).
Intensität:	Abschnitt I + III II + IV *Idee:*	 = schnell = langsam Schwimmkombination • In der Rückenlage Armbewegung im Rückenabschlag mit Rückenbeinbewegung.

I. Abschnitt: Auf Kommando die Wendenwand im hohen Tempo anschwimmen ➡ Wende ➡ Übergang zur Schwimmbewegung bis zur festgelegten Markierung (ca. 10 m) ➡ [Stop] (kurzgefaßte) Informationshinweise.
II. Abschnitt: Lockerschwimmen bis zur folgenden festgelegten Markierung (ca. 8 m vor Wand) - [Stop] Kommando vom ÜL/T/L.
III. Abschnitt: Anschwimmen zum Anschlag in hohem Tempo ➡ Vororientierung (Flaggenbegrenzung) ohne Abbremsen oder Tempoverlust schnellkräftig an die Wand anschlagen.
IV. Abschnitt: Lockerschwimmen bis zur folgenden Markierung für den Wendenabschnitt (I. Abschnitt- ca. 10 m vor Wand) ➡ [Stop] Kommando vom ÜL/T/L.

Beachte:
Hinweise zum technikorientierten Lerntraining nur auf eine Bewegungsaufgabe beschränken!

☞ Der Lern-/Merkeffekt kann mit parallelen Technikhinweisen erhöht werden wie z.B.:
„Vororientierung an der Flaggenbegrenzung!“
„Mit hohem Tempo bis zur Wand anschwimmen!“

☞ Gruppenspezifische Technikhinweise geben!

☞ Das Wende - Anschlag - Techniktraining in der Mitte der Bahn und nicht im „Rechtsverkehr“ üben!

Wettkampfvorbereitung:

- Diese e.g. Kombination ist neben dem Lern- Techniktraining auch zur unmittelbaren Wettkampfvorbereitung (Einschwimmen) geeignet.
- Die erforderlichen Technikhinweise sollten hierbei positiv orientiert zur motivationalen Unterstützung gegeben werden.

☞ Individuell auf die Sportlerpersönlichkeit bezogene Hinweise geben!

Empfehlung zur Organisation

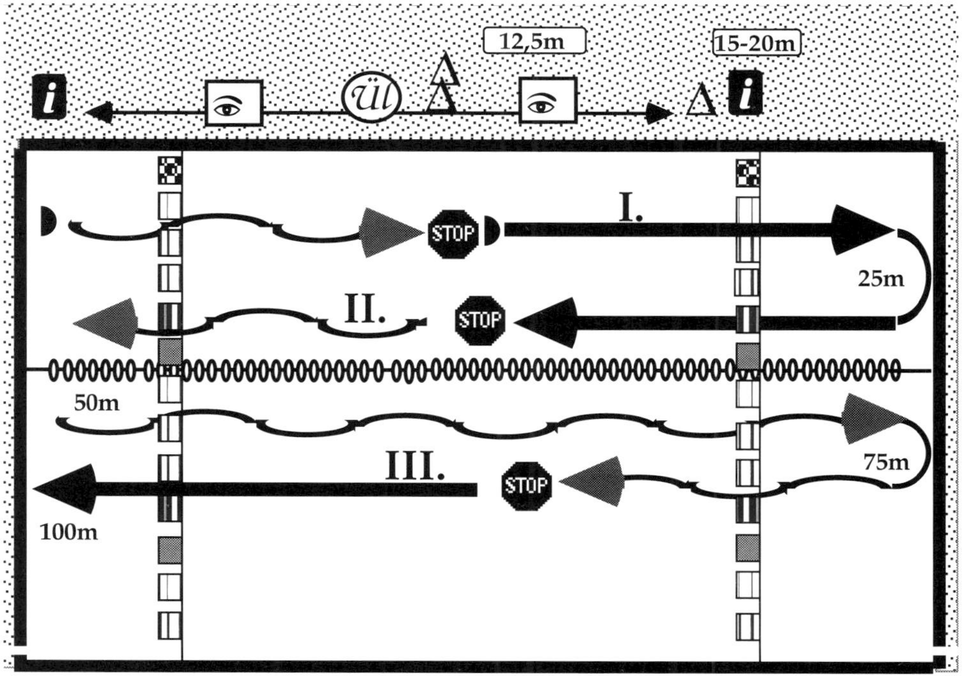

LEGENDE:

- *i* Informationsgebung durch den Übungsleiter am Beginn und Ende des Technikabschnittes
- ÜL Übungsleiter/ Trainer (T)/ Lehrer (L)
- ÜL Standort und
- Beobachtungsbereich des ÜL/T/L
- Begrenzungsfähnchen (5 m vor der Wand)
- 0000 Schwimmleine
- Δ Streckenmarkierung
- STOP Sportler hält an für Informationshinweise vom ÜL/T/L
- I. Abschnitt
- II. Abschnitt

2.6 Testformular Schwimmtechnik

Testformular - Schwimmtechnik

Name: Vorname: Gruppe: Datum:

A: Rückenschwimmen

Bewegungsmerkmal	Punkte
1. Beinbewegung	
Ununterbrochene, wirkungsvolle Schlagbewegung der Beine aus der Hüfte.	☐
2. Armbewegung	
Ununterbrochene Aufeinanderfolge der Abdruckbewegung der Arme.	☐
„Wasserfassen" und Anstellen der Hände.	☐
Langer Abdruck der Arme bis zum Oberschenkel.	☐
3. Körperlage	
Ruhige, aber gestreckte Körperhaltung.	☐
Maximale Punktzahl = 5 ☑	**Summe:**

B: Rückenstart

Bewegungsmerkmal	Punkte
1. Startstellung	
Anheben des Körpers unmittelbar vor dem Startkommando.	☐
2. Absprung	
Schnellkräftiger Absprung mit „Rückwerfen des Kopfes", der Arme und des Oberkörpers in die Absprungrichtung.	☐
Explosives Strecken von Knie- und Hüftgelenk.	☐
3. Übergang Schwimmbewegung	
Schnellkräftiger Einsatz der Beinbewegung nach kurzer Gleitphase.	☐
Vollständige Ausatmung unter Wasser.	☐
Maximale Punktzahl = 5 ☑	**Summe:**

C: Rückenwende

Bewegungsmerkmal	Punkte
1. Anschwimmen	
Vororientierung und Anschwimmen ohne Abbremsen oder Angleiten.	☐
Vorbereitung zur Drehung erfolgt mit optimalem Abstand vor der Wendenwand.	☐
2. Drehung	
Schnelle Drehung mit explosivem Schwung der Beine zur Wand.	☐
3. Abstoß	
Schnellkräftiger Abstoß in Rückenlage unter Wasser bis zur Körperstreckung.	☐
4. Übergang Schwimmbewegung	
Einsatz der Beinbewegung nach kurzer Gleitphase bei vollständiger Ausatmung.	☐
Maximale Punktzahl = 5 ☑	**Summe:**

Erläuterungen zu den verwendeten Abkürzungen

AK	Altersklassen
Arme	Armbewegung
BA	Brustschwimmen, Armbewegung
Beine	Beinbewegung
BL	Brustlage
BSK	Brustschwimmkombination
DB	Delphinbewegung
FQ	Frequenz bezogen auf die Anzahl der Armzüge bzw. Beinschläge beim Schwimmen
GA	Grundlagenausdauer
Ges.h	Gesamtstundenumfang
h	Stunde
Hf	Herzfrequenz
K	Kraulschwimmen
KA	Kraulschwimmen, Armbewegung
KB	Kraulschwimmen, Beinbewegung
km	Kilometer
KSK	Kraulschwimmkombination
LA	Landtraining
LA	Lagenschwimmen
La/h	Landtrainingsstunde
LASK	Lagenschwimmkombination
UD/B	Lockerung/Dehnung/Beweglichkeit
LE	Motorisches Lerntraining
LP	Lernprozeß
LWS	Lendenwirbelsäule
m	Meter
m/s	Meter pro Sekunde
MP	Mindestpunktzahl
N	Anzahl der Personen
R	Rückenschwimmen
RA	Rückenschwimmen, Armbewegung
R-Abschlag	Rückenschwimmen mit Handabschlag
RB	Rückenschwimmen, Beinbewegung
RGL	Rückengleichlage
RL	Rückenlage
RSK	Rückenschwimmkombination
rw.	rückwärts
s	Sekunde
S	Schmetterlingsschwimmen
S	Schnelligkeit
SA	Schmetterlingsschwimmen, Armbewegung
SF	Schwimmflossen
SK	Schwimmkombination
SL	Seitenlage
STP	Schwimmtrainingsprogramme
sw.	seitwärts
TA	Trainingsabschnitt
TAM	Training mit allgemeinen Mitteln
TE	Trainingseinheit
Theo.	Theorieausbildung
TJ	Trainingsjahr
TSL	Teilstreckenlänge
TSM	Training mit speziellen Mitteln
TZ	Tauchzug
vw.	vorwärts
WA	Wassertraining
Wa/h	Wassertrainingsstunde
WK	Wettkampf

Literaturverzeichnis

Bucher, W: (Gesamtredaktion)
1000 Spiel- und Übungsformen zum Aufwärmen
Verlag Karl Hofmann, Schorndorf 1989

Bucher, W: (Gesamtredaktion)
10001 Spiel- und Übungsformen im Schwimmen
Verlag Karl Hofmann, Schorndorf 1989

Bucher, W: (Gesamtredaktion)
1015 Spiel- und Kombinationsformen in vielen Sportarten
Verlag Karl Hofmann, Schorndorf 1989

Brunner/Knebel/Wirth:
Das Konditionstraining des Schwimmers, Teil 1 - Trockentraining
Verlag Bartels und Wernitz 1976

Counsilman, J.E.:
Handbuch des Sportschwimmens für Trainer, Lehrer und Athleten
Schwimmsport-Verlag Fahnemann 1980

Danckert, D./Dietze, J.:
Zur Vervollkommnung des Trainingsprozesses im Sportschwimmen bei Kindern im Alter von 8 bis 10 Jahren
Dissertation zur Promotion A, DHfK Leipzig 1973

Döbler, E. u. H.:
Kleine Spiele
Volk und Wissen, Berlin 1983

Döbler, H./Schnabel, G./Thieß, G.:
Grundbegriffe der Sportspiele
Sportverlag Berlin,1988

DTSB der DDR/DHfK Leipzig:
Sport frei, junger Schwimmer
unveröffentl. Manuskript der Forschungsgruppe der 1. Förderstufe,
Leitung: J. PIRL

DSSV der DDR:
Trainingsprogramme der 1. Förderstufe Sportschwimmen 1981 -1985
Trainingskommission GLT. Gesamtleitung: PIRL, J.
unveröffentl. Arbeitsmaterial für die Trainer der 1. Förderstufe 1981

DSSV der DDR:
Trainingsprogramme der 1. Förderstufe Sportschwimmen 1985-1989
Trainingskommission GLT. Gesamtleitung: PIRL, J.
unveröffentl. Arbeitsmaterial für die Trainer der 1. Förderstufe 1985

DSSV der DDR:
Trainingsprogramme der 1. Förderstufe Sportschwimmen 1989-1993
Trainingskommission GLT. Gesamtleitung: PIRL, J.
unveröffentl. Arbeitsmaterial für die Trainer der 1. Förderstufe 1989

DSSV der DDR:
Methodisches Handmaterial Sportschwimmen
Leitung: Prof. Dr. Helga Pfeifer
DSSV der DDR, WZ Sportschwimmen, Leipzig 1985

DSSV der DDR/Verbandstrainer GLT PIRL, J:
unveröffentl. Arbeitsunterlagen zur Auswertung der 1. Förderstufe Schwimmen

DSSV der DDR:
Kriterien und Normen für die Überprüfung der TZ-Trainingsjahre und der Auswahl für die Kinder- und Jugendsportschulen 1986-1990
Berlin, Verbandstrainer: PIRL, J.1985

DSSV der DDR:
Kriterien und Normen für die Überprüfung der TZ-Trainingsjahre und der Auswahl für die Kinder- und Jugendsportschulen 1990-94
Berlin, Verbandstrainer: PIRL, J.1990

Eich, H.J.:
Anregungen zur Ausbildung im Anfängerbereich - Hinführung zum Schwimmer
DSV e.V. Mainz, Band 4.1991

Fahnemann, M.:
Schwimmtechnik in Bild und Text
Ottdruck Großhilde, Bockenem 1.1977

Filin, V.D.:
Forschungsmethoden in der Körperkultur
Moskva, Fizkul't. i sport 1961

Freitag, W.:
Grundausbildung und Grundlagentraining im Schwimmen
Der Schwimmtrainer 12/1989. DSTV e.V. Solingen

Fröhner, G.:
Die Belastbarkeit als zentrale Größe im Nachwuchstraining
Philippka-Verlag 1993, Münster

Graumann, D./Lohmann, H.S./Pflesser, W.:
Schwimmen in Schule und Verein
Pohl-Druckerei und Verlagsanstalt, Celle 1980

Grohe, M.:
Untersuchung der Beziehung zur Belastungsentwicklung und Leistungsentwicklung im mehrjährigen Trainingsprozeß eines Sportschwimmers am Beispiel des Rückenschwimmers Roland Matthes
1979, 249 Bl. unveröffentl. Diss. A, DHfK Leipzig 1979

Haase, J.:
Spiele im · am · unter Wasser
Sportverlag GmbH, Berlin 1991

Harre, D.: (Gesamtredaktion)
Trainingslehre
Sportverlag Berlin, 1985

Hirtz, P.:
Koordinative Fähigkeiten im Schulsport
Volk und Wissen, Volkseigener Verlag, Berlin 1985

Itelson, L.:
Mathematische und kybernetische Methoden in der Pädagogik
Volk und Wissen, Volkseigener Verlag, Berlin 1967

Janssen, P.:
Ausdauertraining - Trainingssteuerung über die Herzfrequenz und Milchsäure-Bestimmung
Beiträge zur Sportmedizin, Band 34
Fachbuch Verlagsgesellschafl GmbH, Erlangen 1989

Joch, W.:
Rahmentrainingsplan für das Grundlagentraining - Edition Leichtathletik
Meyer & Meyer Verlag, Aachen 1991

Joch, W./Schmidt, G.:
Zu einigen Aspekten der Altersproblematik im Schwimmen
Leistungssport 12/1982

Joeres, U./Weichert, W.:
Schwimmen - Bewegen und Spielen im Wasser
Rowohlt Taschenbuch Verlag GmbH, Hamburg 1987

Krüger, A.:
Hat sich die Sportpädagogik aus dem Leistungssport verabschiedet?
Leistungssport 6/1991; Philippka-Verlag, Münster

Komar, I.:
Strukturierung und Periodisierung des Aufbautrainings
Referat zur Tagung des DSTV, Karlsruhe, d. 15.2.92

Komar, I.:
Test/Testverfahren zur Überprüfung der Leistungsfähigkeit im Aufbautraining
Referat zur Tagung des DSTV, Karlsruhe, d. 15.2.92

Komar, I.:
Die Strukturierung und Planung von Wassertraining im Grundlagentraining bis zum Hochleistungstraining
Referat zur Trainerkonferenz, Antwerpen, d. 22.2.92

Komar, I.:
Jahrestrainingsplan
Beringen (Belgien) 1991/92

Komar, I.:
Modifizierung des Grundlagentrainings im Sportschwimmen für die Weiterentwicklung des Kindertrainings in Vereinen am Beispiel von Schwimmgruppen in Belgien
Dissertation, Universität Leipzig 1993

Kupper, K:
Zur weiteren Entwicklung der Auswahl- und Nominierungssysteme
Theorie und Praxis Leistungssport 8 (1970)

Kupper, K./Jüling, M.:
Die Leistungsentwicklung und die Veränderung einiger Körperbaumerkmale sowie Bewegungseigenschaften erfolgreicher Schwimmer des Jahrganges 50. Theorie und Praxis Leistungssport 6 (1968)

Leistungssport, Heft 5/1991:
Zeitschrift für die Fortbildung von Trainern, Übungsleitern und Sportlehrern
Philippka-Buchversand

Lewin, G.: (Gesamtredaktion)
Schwimmsport
Sportverlag Berlin, 1982

Lehnert, A.: (Gesamtredaktion)
Planung, Organisation und Untersuchungsmethoden der Leistungssportforschung
Beiträge aus dem Forschungsinstitut für Körperkultur und Sport, Leipzig 1979

Materialien zum Sport in Nordrhein-Westfalen:
Heft 31, 1991
Verlagsgesellschaft Ritterbach GmbH

Martin, D.:
Zum Belastungsproblem im Kinder- und Jugendtraining unter besonderer Berücksichtigung von Vielseitigkeit oder Frühspezialisierung
Leistungssport 5/91; Philippka-Verlag, Münster

Martin, D/Carl, K./Lehnertz, K.:
Handbuch Trainingslehre
Schorndorf 1991

Matthes, L.:
Gymnastikprogramme der AK 8-10
(Erwärmung/Beweglichkeit/Lockerung/Dehnung)
unveröffentl. Arbeitsmaterial für Schwimmtrainer, Leipzig 1977

Neumann, G.:
Leistungsstruktur in den Ausdauersportarten aus sportmedizinischer Sicht
Leistungssport 3/90; Philippka-Verlag, Münster

Pfeifer, H.:
Zyklisierung und Akzentuierung zur Erzielung von Belastungsfähigkeit für geplante Zeitpunkte im Sportschwimmen
Theorie und Praxis Leistungssport 25, 1987, Heft 3

Pfeifer, H.:
Beobachtungsberichte von Olympischen Spielen 1964, 1972 sowie Weltmeisterschaften 1975
(Bericht zur Weiterbildung 1984)

Pfeifer, H.:
Schwimmen
Sportverlag GmbH, Berlin 1991

Rehn, H.:
Schulung koordinativer Fähigkeiten im Nachwuchsbereich des Sportschwimmens nutzlos oder sinnvoll? - Eine Betrachtung aus technischer Sicht der Sportschwimmarten Brust und Schmetterling -
DSV e.V. Mainz, Band 4/1991

Reiss, M./Pfeifer, H.:
Leistungsreserven im Ausdauertraining
Theorie und Praxis Leistungssport, Berlin 1991

Reischle, K.:
Besser Schwimmen
Sportinform Verlag GmbH, Franz Wöllzenmüller, Oberhaching 1988

Renner, W./Dietze, J./Müller, Ch.:
Schwimmen - Anleitung für den Übungsleiter
Sportverlag Berlin,1987

Rodionow, A.W./u.a.:
Psychologie in Training und Wettkampf
Sportverlag Berlin,1982

Sachs, L.:
Angewandte Statistik
Springer Verlag, 1992

Saziorski, W.M.:
Biomechanische Grundlagen der Ausdauer
Sportverlag Berlin,1986

Schacke, P.:
Methoden und Verfahren von Mathematik, Statistik und Informationsverarbeitung in der Leistungssportforschung
Beiträge aus dem Forschungsinstitut für Körperkultur und Sport, Leipzig 1986

Schnabel, G./Jähnig, W.:
Technik der Sportschwimmarten, der Starts und Wenden
unveröffentl. Arbeitsmaterial DHfK, Leipzig 1979

Schnabel, G.:
Leistungsstruktur, Trainingsstruktur und ihr Zusammenhang
Medizin und Sport 21, 1981

Schramm, E.: (Gesamtredaktion)
Sportschwimmen - Hochschullehrbuch
Sportverlag, Berlin 1987

Seibert, W.:
Gezieltes Krafttraining: Bessere Leistungen in allen Sportarten
Verlag GmbH Franz Wöllzenmüller, Oberhachingen 1985

Scholich, M.:
Kreistraining
Sportverlag Berlin,1988

Stark, G./Krug, J.:
Das Experiment als eine Untersuchungsmethode der Theorie und Methodik des Trainings
Beiträge aus dem Forschungsinstitut für Körperkultur und Sport, Leipzig, 1979

Stichert, K.H.:
Ausarbeitung eines Lehrmaterials für die Hand des Kindes zur Unterstützung des Trainingsprozesses im Sportschwimmen
unveröffentl. Diplomarbeit, Leipzig 1966

Stiehler, G.: (Gesamtredaktion)
Methodik des Sportunterrichts
Volk und Wissen, Volkseigener Verlag, Berlin 1966

Suomalainen, R./Telama, R.:
Förderungseinrichtungen und Zeitbudget heranwachsender Leistungssportler in Finnland
Leistungssport 6/91; Philippka-Verlag, Münster

Thiess, G.:
Das Nachwuchstraining im Spiegel von 20 Jahren „Leistungssport“
Leistungssport 6/1991; Philippka-Verlag, Münster

Thiess, G./Schnabel, G./Baumann, R.:
Training von A bis Z
Sportverlag, Berlin 1980

Thiess, G./Schnabel G.:
Grundbegriffe des Trainings
Sportverlag, Berlin 1985

Tschiene, P.:
Die neue „Theorie des Trainings“ und ihre Interpretation für das Nachwuchstraining
Leistungssport 19/1989

„Schwimmbibliothek"

im MEYER & MEYER Verlag

Iris Komar
Schwimmtraining für Kinder
Grundlagentraining – Trainingsprogramme
Band 1
Reihe „Schwimmbibliothek"
In diesem Buch wird die erste Etappe des Kindertrainings nach Absolvierung der Schwimmschule behandelt. Der Theorieteil ergänzt wesentliche trainingsmethodische und pädagogische Grundlagen, die zum Grundwissen einer qualifizierten Trainertätigkeit gehören.

118 Seiten, Fotos, Tabellen
Broschur, A5
ISBN 3-89124-259-X
DM 19,80/SFr 19,80/ÖS 155,-

Iris Komar
Schwimmtraining für Kinder
Grundlagentraining – Trainingsprogramme
Band 2
Reihe „Schwimmbibliothek"
In diesem zweiten Band des „Schwimmtrainings für Kinder" werden auf fundierter theoretischer Grundlage Trainingsprogramme für die gezielte Erhöhung der Wirksamkeit des Schwimmtrainings mit seinen vielfältigen Anwendungsbereichen vorgestellt.

128 Seiten, Fotos, Tabellen
Broschur, A5
ISBN 3-89124-304-9
DM 19,80/SFr 19,80/ÖS 155,-

MEYER & MEYER
Der Sportverlag
Von-Coels-Straße 390, D-52080 Aachen Telefon 0241/55 60 33, Fax 0241/55 82 81

Sporttitel von Meyer & Meyer

Adventure Sports

Haetzel - The Big Race across America
Köppern - Bungee-Springen
Krohn - Beach Volleyball
Schädle-Schardt - Klettern

Athleten und Trainer

Castella - Laufen – mein Leben
Coe - Running Free
Galloway - Richtig laufen mit Galloway
Hinault - Eine Radsportkarriere
Lydiard - Laufen mit Lydiard
Martin/Coe - Mittel- und Langstrecken-training
Sleamaker - Systematisches Leistungs-training
Waitz - Grete Waitz – Worldclass

Badminton

Lemke/Meseck - Badmintontraining
Lemke/Meseck - Handbuch für Badminton

Baseball

DBV, Regelheft Softball
Niedlich - Handbuch Baseball
Schmeilzl/Church - Baseballtraining
Voss - Regelheft Baseball

Basketball

Mikes - Handbuch Basketball
Neumann - Basketballtraining
Niedlich - Streetballtraining

Behinderte machen Sport

Rheker - Spiel und Sport für alle
Scheid - Chancen der Integration durch Sport
Kolb - Spiele für den Herz- und Alters-sport
Dahlmanns - Periphere, arterielle Ver-schlußkrankheiten

Bewegungserziehung

Bischops/Gerards - Tips für Sportspiele
Bischops/Gerards - Tips für neue Wett-kampfspiele
Bischops/Gerards - Tips für Sport in der Lebensmitte
Bischops/Gerards - Tips für Gesundheit durch Sport
Bischops/Gerards - Tips fürs Aufwärmen im Sport
Bischops/Gerards - Tips für Kinderfußball
Blume - Akrobatik mit Kindern
Diem - Auf die ersten Lebensjahre kommt es an
Dietrich - Die Großen Spiele
Dombrowski - Leichtathletik mit Grundschulkindern
Kapustin - Familie und Sport
Kapustin - Schule und Sportverein
Kapustin - Sport für Erwachsene mit geistiger Behinderung
Rheker - Spiel und Sport für alle
Stein - Kleinkinderturnen ganz groß
Zimmer - Bewegung, Sport und Spiel mit Kindern
Zimmer - Kinder brauchen Bewegung
Zimmer - Sport und Spiel im Kindergarten

Sporttitel von Meyer & Meyer

Handball
Grage - Handballtraining

Hockey
Marx/Wagner - Hockeytraining

Klettern
Schädle-Schardt - Handbuch Bergwandern

Langlauf
Jung - Schweizer Waffenläufe
Kleine (Hrsg.) - Langlauf in der Kritik
Sonntag - Mehr als Marathon Bd. 1
Sonntag - Mehr als Marathon Bd. 2
Thiemer - Langlauf ist unser Leben

Laufsport
van Aaken - Das van Aaken Lauflehrbuch
van Aaken - Das Laufbuch der Frau
Bös - Handbuch Walking
v.d. Laage - Jetzt kommen die Chinesen
Diem - Tips für Laufanfänger
Kuhlmann - Das LaufLESEbuch
Lüchtenberg - Laufen in Schule, Verein und Freizeit
Lydiard - Jogging mit Lydiard
Lydiard - Running to the Top
von Schablowsky - Hilfe – mein Mann läuft
von Schablowsky - Zur Strecke gebracht

Leistungstraining
Edwards - Leitfaden zur Trainingskontrolle
Geese/Hillebrecht - Schnelligkeitstraining
Neumann - Alles unter Kontrolle
Pampus - Schnellkrafttraining
Radcliffe/Farentinos - Sprungkrafttraining

Radsport
Brüggenj./Kürschner - Handb. Mountain-Biking
Heßler - Radsport in Schule und Verein
Schmidt - Handbuch Radsport

Rudern
Fritsch - Handbuch Rudersport
Fritsch - Handbuch Rennrudern

Schwimmen
Gambril/Bay - Handbuch Schwimmsport
Komar - Schwimmtraining für Kinder, Band 1-3
Komar - Schwimmtechnik im Kindertraining, Band 4-7

Segeln
Haass - Handbuch Segelsport

Sport im Dialog
Baumann/Haimerl (Hrsg.) - Schulsport - wozu?

Squash
Meseck - Handbuch Squash

Tanzsport
Rosenberg - Handbuch für Jazzdance
Wessel-Therhorn - Jazzdancetraining

Taping
Kennedy - Taping im Sport

Tauchsport
Lüchtenberg - Tauchsporttraining

Tischtennis
Fellke/Östh - Nr. 1 im Tischtennis
Groß - Tips fürs Tischtennis
Hotz/Muster - Tischtennis

Tennis
Steinhöfel - Leistungstennis: Neue Trainingsformen

Triathlon
Aschwer - Handbuch Triathlon
Aschwer - Mein Abenteuer – Hawaii-Triathlon
Aschwer - Triathlontraining

Videofilme
Immer in Bewegung
Ein Spielfest für Kinder
Bewegung, Spiel und Sport mit Kindern, 1
Bewegung, Spiel und Sport mit Kindern, 2
Erzieher- und Übungsleiterverhalten

Volleyball
Fraser - Volleyball
Hergenhahn/Neisel - Volleyball
Hömberg - Handbuch Beach-Volleyball
Krohn - Adventure Sports Beach-Volleyball
Papageorgiou - Handbuch Volleyball
Papageorgiou - Handbuch Leistungsvolleyball

Wintersport
Hottenrott/Veith - Handbuch Skilanglauf

Zeitschriften
Betrifft Sport: Betrifft Sport ist eine Sammlung von Unterrichtshilfen, zusammengestellt von erfahrenen Sportpädagogen, Praktikern und Wissenschaftlern.

Deutsches Turnen: Deutsches Turnen ist die Verbandszeitschrift des Deutschen Turnerbundes (DTB). Sie befaßt sich mit den Inhalten der Verbandsarbeit des DTB und seiner Mitglieder und ist das „amtliche Organ" des DTB.

Homerun: Homerun ist das offizielle Mitteilungsorgn des Deutschen Baseball und Softball Verbandes e.V. Es ist das führende Baseball-Magazin im deutschsprachigen Raum.

Sozial- und Zeitgeschichte des Sports: Diese Zeitschrift leistet einen wichtigen Beitrag zur Belebung der wissenschaftlichen Diskussion sozial- und zeitgeschichtlicher Fragestellungen des Sports.

„ü": die anspruchsvolle, attraktive Fachzeitschrift des Deutschen Turnerbundes für engagierte Übungsleiter/-innen, Turner/-innen, Freizeit- und Breitensportler/-innen.